Ottokar Domma sen.
Erinnerungen eines Großvaters

Ottokar Domma sen.

Erinnerungen
eines Großvaters

Karl Dietz Verlag Berlin

Die Abbildungen in diesem Buch stellte der Autor
zur Verfügung. Das Foto auf dem Schutzumschlag zeigt Otto und
Anton Häuser im Jahre 1928.

Die Deutsche Bibliothek – CIP-Einheitsaufnahme
Domma, Ottokar:
Erinnerungen eines Großvaters / Ottokar Domma sen. –
Berlin : Dietz, 1999

ISBN 3-320-01922-8

© Karl Dietz Verlag Berlin GmbH 1999
Gestaltung: Brigitte Bachmann
Satz und Reproduktion: MediaService, Berlin
Druck und Bindearbeit: Wiener Verlag GmbH, Himberg
Printed in Austria

Inhalt

Lang ist es her

Was weiß ich nach so vielen Jahren von dem Dorf, in dem ich geboren wurde? Es ist, als würde man in einer alten Illustrierten blättern und sich dabei an längst Vergessenes erinnern: So sah es einmal aus, das Dorf Schankau (Šankow). Es lag in einer welligen Landschaft, die nach Kohle roch. Nach Osten offen zum böhmischen Becken, südlich und westlich umgeben von Bergen und tiefgrünen Wäldern, in denen heilsame Quellen sprudeln, im Norden und Westen abgeriegelt von mächtigen Gebirgsrücken.

Das Dorf selbst hatte keine sehenswerten Eigenheiten. Keine historischen Gemäuer, um die sich Sagen winden, es war eine Ansiedlung aus der Zeit, als man dicht unter der Erde junge Kohle fand. Eine staubige, festgefahrene Schotterstraße führte hindurch, begrenzt von geduckten Steinhäusern ohne Schnörkel und ästhetischen Aufwand und drei oder vier größeren Gehöften mit dem auf hohem Stamme tragenden Taubenschlag – ein Markenzeichen bäuerlichen Wohlstandes.

Wenn im Morgengrauen auf den großen und kleinen Misthaufen die Hähne krähten, war es Zeit zum Aufstehen der Bewohner, in langen Nächten zwangen tiefe Sirenen umliegender Fabriken, den Schlaf zu beenden. Die meisten der Frühaufsteher schlurften noch müde zu den nahen Braunkohleschächten oder zu den ferneren Schloten der Kaolingruben und Porzellanfabriken. Vom Schacht am Rande des Dorfes surrten quietschend und polternd einige Meter über der Erde die ersten Loren der Drahtseilbahn. Leer fuhren sie ab, gefüllt mit schwarzbraunen Brocken kamen sie zurück. Staub wirbelten sie an sommerheißen Tagen auf, viel Staub, wenn der Wind über die schwarzen, durchlöcherten Flächen eines toten Tagebaus fegte. Das Dorf schützte sich zwischen Kastanienbäumen und ausladenden Linden, Blumengärten und Dorngestrüpp, wildem Wuchs an morastigen Tümpeln und jungen Birkenwäldchen, die auf der geschürften Erde zu neuem Leben fanden.

Es wird nach vielen Jahren längst sein Gesicht verändert haben, das Dorf, und anders heißen, als in meiner Geburtsurkunde steht.

Dorf, Haus und Leute

Das Haus, in dem ich geboren wurde, gehörte nicht gerade zu den schönsten. Die Bauern nannten es verächtlich Armenhaus. Vier Familien teilten es sich. Im Erdgeschoß lebten die »Bessergestellten«. Sie hatten Fenster zur Straßenseite mit Scheibengardinen. Der bevorzugteste Mieter war Josef Flasch, nach seiner Meinung auch der gebildetste. Er konnte rechnen, lesen, schreiben und Briefe an Behörden aufsetzen.

Sein Status gebot, ihn nicht mit Vornamen anzusprechen, er war »der Herr Flasch« und für uns Kinder der alleswissende Onkel.

Seine lattendünne Frau, die Tante Ottilie, diente in herrschaftlichen Häusern, während der gebildete Gatte zu Hause lungerte, zum Frühstück den Rauch teurer Zigaretten fraß und danach eine halbe Stunde lang hustete. Das mausgraue Männchen mit dem leidvollen Antlitz eines magenkranken Buchhalters las auch eine Zeitung, die er selbst Analphabeten empfahl. Sie sei die einzige, die deutsches Volkstum vertrat, nicht so ein fades Blatt wie der sozialdemokratische »Volkswille«, den mein Vater, der Haiser, Lois, las. Beide gerieten deshalb oft in Streit. Sie fuchtelten sich mit wilden Gebärden ihre gegenseitige Meinung zu. Ich hielt natürlich zu Vater, obwohl ich kein Wort von dem verstand, was die Streithähne so in Rage brachte.

Die Flaschs hatten als einzige Mieter im Haus zwei Zimmer, eins zum Kochen und Wohnen, das andere nur zum Schlafen. In der Wohnküche stand sogar ein richtiges Sofa, das Tante Otti mit Spitzentüchlein verzierte. Wenn Onkel Flasch von Politik genug hatte, inspizierte er das Häuschen mit dem Herz. Es stand auf dem Hof, das von allen Hausbewohnern benutzt wurde. Onkel Flasch registrierte grimmig, wer es benutzte. Kinder schienen ihm besonders verdächtig, er traute ihnen nicht zu, daß sie richtig in die Tiefe des Schachtes zielten. Ich betrat diesen düsteren, von dikken, blauvioletten Fliegen umschwirrten Ort nicht, weil ich fürchtete, durch das runde Loch zu fallen. Lieber ging ich hinter die Büsche am Nachbarzaun. Dort wuchsen kniehohe Huflattichblätter. Die waren weicher als Zeitungspapier.

Auf der anderen Seite des Flures, in dem man auch im Sommer fror, lebte Witwe Hille mit ihren vier Töchtern. Sie betrieb ein Tabakwarengeschäft, das in meiner Heimat Trafik genannt wurde. Die Kunden sind in der Küchenwohnschlafstube durch ein kleines Fensterchen bedient worden, auch an Sonn- und Feiertagen.

Wenn Onkel Karl, mein Pate, im Morgengrauen zur Schicht ging, klopfte er dreimal ans Fensterchen. Mutter Hille sprang im Nachthemd aus dem Bett, gab dem Onkel drei Zora, die billigsten Glimmstengel.

Mich, das »Buberl«, liebte Mutter Hille sehr. Sie schob mir öfter ein Zuckerl oder anderes Naschwerk in den Mund und wies mich frühzeitig ins Tabakwarengeschäft ein. Für Kunden durfte ich die gewünschten Stäbchen abzählen, doch nur bis höchstens fünf Stück. Mehr Finger hatte ich an einer Hand nicht. Wenn Mutter Hille das Essen für die Familie auftrug, durfte auch ich mit am Tisch sitzen. Erst wurde gebetet, dann gelöffelt, danach wieder gebetet. Ich muß ziemlich gefräßig gewesen sein und verbrannte mir einmal vor Ungeduld mit fetter, kochender Suppe den linken Unterarm. Die Narbe ist heute noch zu sehen.

Wand an Wand mit den Hilles wohnten wir, mit zwei Fenstern zum Hof hinaus. Die Aussicht war nicht so schön. Der Blick fiel auf Blechschuppen und einen schwarzen Tümpel. Fische hielten sich darin nicht. Selbst Enten und Gänse mieden das schmutzige Gewässer. Doch Weiden mit halb über dem Tümpel hängenden Ästen verleiteten zum Klettern und Schaukeln. Mein Bruder Anton hatte schon Übung darin, ich traute mich nicht, weil ich mich vor dem Schlamm darunter fürchtete, der von ekelhaften Tieren wimmelte. Die Eltern verboten, dort zu spielen, Mutter Hille warnte vor dem Schlammkobold, der zehn Arme hatte und kleine Kinder zu sich hinabzog.

Das einzige Zimmer, das wir bewohnten, war klein und gemütlich. Es hatte zwei Betten, in einem schliefen wir Kinder, im anderen meine Eltern. Die Sachen zum Anziehen hingen in einem Schrank, für die Wäsche gab es eine Truhe, in der wir uns gern versteckten. Am Küchenbord fanden wir vom Topfdeckel bis zum Reibeisen die wichtigsten Musikinstrumente, die sanitäre Ausstattung bestand aus einem Schemel mit Krug und Schüssel. In der Kredenz, wie der Küchenschrank genannt wurde, standen neben Tellern und Tassen allerlei Gefäße. Die Eltern untersagten uns streng, dort zu wühlen und um Gottes willen nicht aus Flaschen zu trinken. Davon würden wir sterben. Glanzstück der Einrichtung war eine Kommode. Sie war immer abgeschlossen. Einmal steckte der Schlüssel im Schloß. Was für wunderbare Sachen entdeckten wir. Bunte Weihnachtskugeln, die sonst nur das Christkindl bringt, auch ein kleines Fläschchen, aus dem es herrlich duftete. Mein Bruder konnte nicht widerstehen. Was so gut riecht, muß auch gut schmecken. Er nahm einen Schluck daraus, hustete und legte das Fläschchen enttäuscht in die Schublade zurück. Richtiges Gift war es nicht, Anton lebte noch, nur roch er tagelang nach Mamas Parfüm aus dem Mund.

Die Mama. Warum ging sie nicht mehr arbeiten? Warum sah sie so blaß aus? Warum ließ sie uns nicht mehr in ihr Bett zum Kuscheln? Was wollte der fremde Mann mit der dicken Tasche, der uns immer rausschickte? Vater sah uns milde an, lächelte sogar ein bißchen traurig und sagte, Mama ist sehr krank. Er streichelte sie, wir durften es nicht. Eines Tages wurde sie ins Spital gefahren. Von dort kam sie nicht mehr zu uns zurück.

Besser als Mama kannte ich ihre beiden Schwestern, die Tante Frieda und die Tante Paula, die in einer Kammer unterm Dach schliefen. Als Mama nicht mehr da war, hat die Tante Frieda uns Kinder und den Vater versorgt. Sie kochte, wusch die Wäsche, bügelte, putzte, packte für Vater Brote ein und füllte seine Blechflasche mit Malzkaffee. Die Frieda lachte gern. Sie hinkte ein bißchen, weil sie von Geburt an ein kürzeres Bein hatte. Trotzdem heiratete sie nach Mamas Tod den Vater. Das war nicht ungefährlich und kostete Mut, denn Vater litt manchmal unter Wutausbrüchen, und wenn er seinen Rappel bekam, brüllte er, daß die Katze floh und das Geschirr vom Bord fiel. Zum Glück dauerten diese Anfälle nicht lange, danach war er wieder verträglich. Eigentlich gutmütig und lustig. Auch er zählte sich zu den Schriftgelehrten des Dorfes, war sogar Schriftführer in der Bergarbeitergewerkschaft. Außerdem konnte er zaubern, schnitzen, Mandoline spielen und singen. Wenn er zum Chorabend ging, probierte er vorher seine Stimme aus. Er wackelte bei den hohen Tönen mit dem Kopf, damit sein Gesang schön vibrierte. Das war Kunst und sah sehr lustig aus. Als ich schon zur Schule ging, spielte er sogar in einem Theaterverein mit. Meistens als junger Held und Liebhaber. Solche Rollen gefielen ihm am besten. Die neue Mama störte das nicht, sie lachte eben gern. Seltsam war nur, daß sie Vater nie beim Vornamen nannte, er war »der Haiser«, und sie redete ihn nur in der dritten Person an: »Möchte der Haiser am Sonntag einen Gulasch mit Knödel oder soll ich ihm lieber Schwammerl braten, die ißt ER ja so gern.« Vielleicht hielt sie Vater auch für einen Bessergestellten, weil er sonntags nur mit Schlips und einem Hut in das Dorfgasthaus ging, wo er sich mit seinen Sangesbrüdern traf. Es kostete die Frieda anfangs Überwindung, ihn mit »Du« anzusprechen, doch beim »Haiser« blieb sie bis an ihr Lebensende. So komisch sind manche Bräuche.

Auch die Tante Paula spielte in meinen ersten Lebensjahren eine fördernde Rolle, indem sie frühzeitig mein Interesse für das Eisenbahnwesen entwickelte. Nicht weit vom Haus entfernt, stieg sie mit mir auf eine Anhöhe, von der aus zu sehen war, wie Eisenbahnen aus mehreren Richtungen in eine große Stadt fuhren oder von dorther kamen. Das war ein spannendes Erlebnis, weil ich auf den Augenblick wartete, bis zwei Züge aufeinander prallten. Ich hielt mir in Erwartung dieses Unglücks die Ohren zu und war froh, wenn nichts passierte. Die Paula auch. Zu Hause malte sie mir mit Kreide eine Eisenbahn auf die braune Stubentür. Aber Lokomotive und Wagen hatten jeweils nur ein Rad auf jeder Seite. Ich mußte zur Korrektur etwas sehr Freches geantwortet haben, was sie veranlaßt hatte, in Sachen Eisenbahntechnik sich nicht mehr mit mir einzulassen. Dem Erzählen nach soll ich seit meinem vierten Lebensjahr Eisenbahnen gemalt haben, überall, wo sich eine geeignete Fläche anbot – auf Tischen, an Wänden, auf dem Bettlaken. Es war eine Manie. Im achten Schuljahr stellte der Zeichen- und Geometrielehrer Hochmuth, einen Namen, den ich nie vergessen werde, eine fast naturgetreue Skizze der österreichischen Schnellzuglokomotive von mir aus, so eine, wo der Schornstein noch ein breite Krempe hatte. War ich stolz auf mein Werk, dank dem Ansporn von Tante Paula.

Eine nicht ganz so bedeutende Persönlichkeit in unserem Haus war ein kleiner, untersetzter Mann, der seiner Frau sieben Kinder schenkte, jedes Jahr eins. Sie wohnten allesamt unterm Dach mit schräger Decke. Mir und meinem Bruder wurde der Umgang mit ihnen verboten. Weil wir aber auch gern im Dreck spielten, konnten wir der Versuchung nicht widerstehen, auch einmal in eine Wohnung mit anderen dreckigen Kindern zu schauen. Eines Tages bot sich ein Anlaß dazu. Der Vater dieser kinderreichen Familie kam plötzlich auf Händen die Treppe runter. Hand für Hand, ohne umzufallen. Und weil das so aufregend war, fragte ich ihn, ob er auch auf Händen wieder hinaufgehen kann. Er konnte. Ich folgte ihm bis in die Stube, und seine Kinder kreischten vor Vergnügen. Da war ich nun drin in der verbotenen Wohnung. Erst sah ich nichts, weil die Mutter gerade Windeln kochte und dichter Dampf aus dem großen Topf aufstieg, der alles verschleierte. Es war keine gute Luft in diesem engen Raum, und es krabbelten überall Kinder rum, und die Mutter, die zerzauste Haare und einen dicken Bauch hatte, jagte mich schnell wieder hinaus.

Schade, daß meine Eltern die neue Bekanntschaft nicht erlaubten. Dabei konnte der kleine Mann nicht nur auf Händen gehen, sondern auch krähen wie ein Hahn, grunzen wie ein Schwein, wiehern wie ein Pferd, bellen wie ein Hund und zwitschern wie ein Vogel. Manchmal spielte er mit seinen Kindern auf einer Wiese hinterm Haus Zirkus. Ich durfte auch mitspielen. Doch immer, wenn ich nach

Hause kam, schnupperten Eltern und Tanten an mir herum und rügten: »Warst du schon wieder bei denen? Man riecht es.«

Ich konnte noch nicht zwischen arm und reich unterscheiden. Nur zwischen gut und böse. Wer mit mir spielte, redete, mir Bonbons zusteckte und übern Kopf streichelte, war gut. Wer schrie und brüllte, unsere Katze mit dem Fuß trat und kontrollierte, ob wir auf dem Abort nicht danebengemacht haben, war böse. Aber diese Menscheneinteilung stimmte wohl nicht immer. Als mich mein Bruder Anton, der zwar jünger, aber robuster war als ich, einmal in den morastigen Teich hinterm Haus stieß, brüllte er wie am Spieß, bis Onkel Flasch und der kleine Mann von oben aus dem Haus gerannt kamen und mich retteten. Onkel Flasch spendierte sogar seine Leiter für diese Rettungsaktion. Nach dem Tod meiner Mutter zogen wir nach Petschau (Bečov n. Teplou), eine Stadt, die ringsum von Bergen umgeben war. Sogar eine Eisenbahn gab es dort. Ein neues Leben begann für mich.

Himmel und Hölle

Als Fünfjähriger soll ich schon tiefschürfende philosophische Fragen gestellt haben, zum Beispiel: Wer kommt in den Himmel und wer in die Hölle? Den Anstoß dazu gab Mutter Hille. Sie nahm mich gern zum Friedhof mit, wenn sie die Grabstätte ihres Mannes besuchte. Dort stand sie wie angewurzelt und bewegte dabei lautlos die Lippen. Mit wem sprichst du, soll ich sie gefragt haben, und sie antwortete: mit meinem lieben Wenzel, der ist jetzt im Himmel und ein Engel.

Ich hatte keine Vorstellung vom Himmel. Mutter Hille versuchte, mir das Leben und was danach kommt zu erklären. Sie legte die Hand auf meinen Kopf und sprach mit hoher Stimme: »Nur gute Menschen kommen in den Himmel zu den Engeln, böse fahren in die Hölle zu den Teufeln.«

Ich ging gern mit Mutter Hille auf den Friedhof. Dort war es still und wochentags kaum ein Mensch zu sehen, dafür viele steinerne Engel. »Warum hast du keinen Engel am Grabe?« soll ich sie gefragt haben. Und Mutter Hille antwortete, ein Engel sei ihr zu teuer, nur reiche Leute könnten sich einen leisten. Da kam mir erstmals der Gedanke, wer in den Himmel und ein Engel werden will, muß viel Geld haben. Teufel sah man nirgends, die Hölle ist wohl umsonst.

Ich erinnere mich an das erste Begräbnis, das ich als

*Mein Geburtshaus in Schankau (Šankow). So schön war es nicht
wie auf dem Foto, das 1997 entstand. Die reichen Bauern nannten es
»Armenhaus«, in dem vier Familien wohnten. Wir hatten ein
Zimmerchen zum Hof mit Blick aufs »Scheißhäusel« und einige
Bretterschuppen.*

Das soll meine Mutter mit sieben
Jahren gewesen sein, behauptet
meine 88jährige Tante Paula, ihre
Schwester. Vielleicht stammte das
schicke Kleidchen aus dem
Kostümfundus des Fotografen.

Der Jüngling Alois Häuser; der
Hut ersetzte den noch fehlenden
Schnurrbart.

Vater als k. u. k.-Armist im
Fronturlaub 1917. Die Orden
stimmten, aber eine Uhr, linke
Hand, habe er nicht besessen.
Eine Fälschung oder ...?

Das Hochzeitsfoto meiner Eltern. Man betrachte die Eleganz meiner Mama, möglicherweise hatte ihre jüngere Schwester Frieda, eine gelernte Schneiderin, die Hand im Spiel. Der Hut, vermutlich eine Kreation aus dem Atelier einer Modistin, die Jahre später den Stahlhelm der tschechischen Armee entwarf. Vater im feschen Smoking, leider geliehen.

Nach dem Tod meiner Mutter heiratete Vater ihre Schwester. Sie war uns eine gute Mutter, sanft, fröhlich und stellte sich schützend vor uns, wenn Vater einen Rappel bekam.

Schuljunge erlebte. Voran schritt eine Blaskapelle, ihr folgte ein schwarzer, goldverzierter Wagen mit zwei Rappen. Eine Menge Leute folgten dem Gespann, die traurigsten mit gesenktem Kopf hinter der Kutsche, die anderen Mitgänger schienen nicht so ergriffen, sie hatten sich unterwegs allerhand zu erzählen. Ich hatte nur Augen und Ohren für die Musikkapelle.

Sie spielte eine traurige Melodie, zwischendurch heulten die Trompeten auf wie im Schmerz, und die Trommeln gaben den Takt an, tamtaramm, rammramm, und manchmal die große Pauke rumsrums, damit die Leute beim Marschieren nicht einschliefen.

»Hatte Mama auch so eine schöne Musik?« fragte ich Vater, der extra seinen Hochzeitsanzug angezogen und auf dem Kopf einen schwarzen Hut hatte. »Nein«, antwortete er mürrisch, »so viel Geld hatte ich nicht. Eine Musik ist teuer!« »Und ist Mama trotzdem in den Himmel gekommen?« Darauf antwortete Vater nicht.

Begräbnisse mit Musik gefielen mir. Ich begleitete die Bläser und Trommler oft bis ans Friedhofstor. Frieda, die neue Mama, beobachtete ängstlich meine Vorliebe für Trauermärsche. Wo ich ging und saß, auch in dem Holzbottich, in dem ich samstags gebadet wurde, intonierte ich, eine Trompete nachahmend, Trauermärsche. Vater wollte mir diese Manie abgewöhnen und sang einen vielleicht selbsterfundenen Text dazu: »Ist scho wieder, ist scho wieder eine alte Jungfer gstorm gstorm gstorm ...« Manche Trauergäste wunderten sich vielleicht über meine innere Anteilnahme, wenn ich neben der Kapelle mitmarschierte und bei dieser Melodie mit hoher Knabenstimme sang »ist scho wieder, ist scho wieder ...«, obwohl ich gar nicht wußte, ob eine alte Jungfer im Sarg lag. Die Leute lächelten nachsichtig und ließen mir meine Trauerfreude.

Was die Hölle betraf, so konnte ich mich auf eine genaue Beschreibung von Mutter Hille berufen. Die Hölle sei tief in der Erde, ein ewiges Feuer brenne dort, und man höre nur Wehklagen und Zähneklappern von den verstorbenen Menschen, die in riesigen Kesseln mit siedendem Pech ihre Sünden abwaschen mußten, und wehe, wehe, einer der Unglücklichen versuchte herauszuklettern, schon stünde ein Teufel hinter ihm, der mit einer glühenden Mistgabel den verruchten Sünder wieder in den Kessel zurückstieß.

Diese und ähnliche Schilderungen hatten mir Angst gemacht. Bald sollte ich einen Vorgeschmack von der Hölle bekommen. Als ich das erste Mal in der Eisenbahn mitfahren durfte, ahnte ich nicht, daß die Lokomotive mitsamt den Waggons in die Höhle eines Berges raste. Völlige Dunkelheit umgab mich, die Räder des Zuges stampften und dröhnten, Funken flogen vorbei und beißender Rauch drang durchs Fenster. Das mußte die Hölle sein. Die Lokomotive pfiff schauerlich den Abschiedsgruß von der Welt. Doch plötzlich wurde es wieder taghell, die Sonne schien, und kein Teufel war zu sehen. Da war ich froh, zugleich kamen mir Zweifel an der Existenz der Hölle.

Später, als ich das erste Mal ein Flugzeug mit Fenstern sah, es flog ziemlich niedrig, glaubte ich, darin würden doch nur Pfarrer, Mutter Hille und andere Heilige sitzen, die in den Himmel fliegen. Ob ich auch einmal ...? Der liebe Gott soll ja so unendlich gütig sein, warum sollte er nicht auch mich in sein himmlisches Reich aufnehmen? Vater hat mir diese Hoffnung gleich genommen: »Nur Reiche können fliegen, wer von uns hat schon so viel Geld dafür?« Auch das bestätigte mir: Außer Heiligen dürfen auch reiche Sünder in den Himmel fliegen. Wie ungerecht das alles.

In der Schule lernte ich vor allem beten. Ich betete gern,

weil man für jedes gelungene Gebet als Auszeichnung ein buntes Heiligenbildchen bekam. Meine Stimme übertönte alle anderen, so daß mich der Herr Kaplan – er hatte immer ein langes, schwarzes Frauenkleid an – sogar als Vorbeter bestimmte. Alsbald hatte ich einen kleinen Stapel Heiligenbildchen beisammen, die doppelten tauschte ich gegen Lakritze oder Bleistifte und so was. So war auch anderen Kindern geholfen; denn wer Bildchen vorweisen konnte, hatte Aussicht auf eine bessere Note in Religion. Vater wunderte sich über meinen Eifer in diesem Fach und hätte wahrscheinlich nichts dagegen gehabt, wenn statt der Eins in Religion eine Fünf im Zeugnis gestanden hätte. Doch mein Motiv war unveränderlich: Ich will in den Himmel – mit oder ohne Flieger.

In der fünften Klasse wurde mein Eifer belohnt. Ich war auserwählt als Ministrant, bekam eine weiße Uniformschürze mit Spitzen und durfte den Weihrauchkessel schwenken. Das war die niedrigste Funktion. Zum Hin- und Hertragen des heiligen Buches am Altar, aus welchem der Pfarrer immer vorlas, oder zum Läuten des Glöckleins, wonach alle in der Kirche aufstehen oder sich niederknien mußten, war ich noch zu jung. Es war schon ein schönes Gefühl, wenn sich beim Vorbeimarsch der Ministranten mit dem Herrn Pfarrer an der Spitze die Leute am Straßenrand bekreuzigten. Ich verbreitete Weihrauch nach allen Seiten und gehörte dazu.

Doch mein Aufstieg ins Himmelreich wurde nach der ersten Beichte unterbrochen. Ich hatte mir vorher einige Sünden aufgeschrieben wie: Ich habe gelogen, ich habe mich mit meinem Bruder geprügelt, ich habe beim Fleischer Hackl einen Wurstzipfel gestohlen, ich habe die Steidl Marie am Zopf gezogen, daß sie aufschrie, ich habe, ich habe ... mir ist nichts weiter eingefallen. Kein Mensch erzählte mir, welche Sünden man begehen muß, auch nicht der Herr Kaplan. Deshalb schrieb ich noch eine Sünde vom Katechismus ab, das war so etwas wie ein Lehrbuch.

Ich wollte den Zettel noch Mama Frieda zeigen, aber sie sagte, das darf sie nicht sehen, das darf nur der Herr Pfarrer wissen, und er gibt die Sünden an Gott weiter. Wie er sie weitergeben will, war mir zwar unklar, aber er hatte von Gott wenigstens die Erlaubnis, mir die Sünden zu vergeben.

Es war an diesem Tage unheimlich in der Kirche, keine Lichter brannten, nur das ewige Lämpchen, wo immer der Kirchendiener Öl nachgegossen hat, damit es nicht ausgeht. Auch in der kleinen Kabine, dem Beichtstuhl, war es dunkel. Es durfte immer nur einer hinein, die anderen mußten draußen warten. Wenn wenigstens der Hahn Ernstl mitgekommen wäre. Aber der hatte genau so eine Heidenangst wie ich. Schade, denn geteilte Angst ist halbe Angst. Auch den Herrn Pfarrer sah ich nicht hinter dem vergitterten Fensterchen. Aber er war da, ich hörte ihn schnaufen. Mit zitteriger Stimme las ich meine Sünden runter, und bei der letzten zuckte der Kopf des Herrn Pfarrers ans Gitter: »Was hast du eben gesagt? Wiederhole noch mal.«

»Ich habe Unkeuschheit getrieben.«

Genau diese Sünde hatte ich vom Katechismus abgeschrieben. Eine Weile hörte der Pfarrer auf zu atmen, bis er wissen wollte: »Mit wem?«

Jomei, woher sollte ich das wissen. Ich wußte ja nicht einmal, was Unkeuschheit bedeutet, kein Mensch hat mir das erklärt, auch nicht der Herr Kaplan. Ich dachte, vielleicht so was wie Ungezogenheit oder Frechheit. So antwortete ich, weil mir kein anderer einfiel: »mit meiner Mutter.«

Der Herr Pfarrer mußte länger über meine Sünde nachdenken, bis er sie mir vergab. Zur Buße sollte ich am Altar drei Vaterunser beten. Da kannte ich mich aus.

Ich weiß nicht genau, ob meine erste Beichte den Herrn Pfarrer umgestimmt hat, denn als Ministrant wurde ich fortan nicht mehr gebraucht, weil sich genug andere beworben haben. Schade, wo ich doch dem Himmel schon ein Stück näher war.

Masern nach Augenmaß

Meine erste Freundschaft schloß ich mit einem Jungen, dessen Großmutter in einer Musikschule die Wirtschaft führte. Franzl, so hieß er, war verträglich, anders als die Kinder in unserer Straße, die mir und meinem Bruder Spottverse zuriefen. Einer lautete: »Anton, zünd das Licht an, Otto lösch es aus!« Eigentlich nicht bösartig, nur das Auslachen störte uns, und weil wir uns das nicht lange gefallen ließen, nannten uns manche Leute Raufbolde.

Franzl, mein erster Schulfreund, nahm mich oft zu seiner Großmutter mit. Sie erlaubte, daß wir in dem großen Gebäude umherschleichen durften. Hinter jedem Zimmer hörte man ein anderes Instrument. Franzl erklärte sie mir, er kannte alle, sein Vater war ja auch Musiker. Meistens blieb ich vor der Tür stehen, wo die Trompeter übten. Manchmal, nicht jeden Tag, hörte man auch eine Frau singen. Das war schrecklich. Sie hatte eine kirrige Stimme, mit der sie die Tonleiter rauf und runter kletterte.

An den Nachmittagen kamen auch ältere Mädchen und Jungen aus unserer Schule zum Musikunterricht. Die Mädchen streckten stolz ihren Gänsehals und beachteten uns nicht. Da hatte ich manchmal Lust, sie mit Pferdeäpfeln zu bewerfen, aber Kletten taten es auch. Wir zielten immer auf ihre Bubiköpfe oder Zöpfe und freuten uns über ihre Wut, wenn sie die klebrigen Kletten rauszauseln mußten.

Einmal spielte ein ganzes Orchester, es probte auch

meinen liebsten Trauermarsch. Franzl war ganz begeistert von dem Text, den ich von meinem Vater gelernt hatte. Wir sangen im Flur mit, weil es dort so schön hallte. Nachdem der Marsch verklungen war, kam ein Mann raus mit einem Stöckchen und fragte, wer wir seien und was wir hier zu suchen haben. Wir teilten uns die Antwort. Franzl sagte kleinlaut, er sei doch der Enkel von seiner Großmutter, und ich ergänzte, sie habe uns erlaubt, hier leise rumzuschleichen. Wir suchen nichts, wollen nur zuhören. Der Mann kannte vielleicht Franzls Großmutter nicht und zeigte mit dem Stöckchen zum Ausgang.

Eines Tages kam Franzl nicht zur Schule. Seine Mutter sagte, er habe die Masern, ich dürfe ihn nicht besuchen wegen der Ansteckung. Ich antwortete, daß ich ihm bloß die Aufgaben bringe. »Aber geh nicht so dicht an ihn heran!« mahnte die Mutter. Der Franzl lag in seinem Kämmerchen, vor dem Fenster war ein Vorhang, der es verdunkelte. Er freute sich, daß er nicht mehr so allein ist und fragte: »Willst mal meine Krankheit sehen?« Ich nickte. »Mußt das Vorhangel wegnehmen, sonst siast (siehst du) nix.« Er zeigte mir die rötlichbraunen Fleckchen am Hals und meinte, ich darf sie ruhig anfassen, tut nicht weh.

Drei Tage später hatte ich einen heißen Kopf. Der Lehrer Fleißiger befühlte meine Stirn und sagte, hast vielleicht Fieber, und ich solle lieber nach Hause gehn. Die Mama Frieda muß so etwas schon erlebt haben und machte kalte Wickel. Und weil mein ungläubiger Bruder auch meinen Kopf betasten mußte, lag er zwei Tage später neben mir. Der Doktor Schramm sagte »Masern«, und er habe nichts dagegen, wenn mein Bruder daneben liegt, ist ein Abwaschen. Na ja, Anton ging ja noch in den Kindergarten.

Nach vierzehn Tagen vielleicht durfte ich wieder zur Schule, aber die Hälfte der Klasse fehlte. Du hast die Masern mitgebracht, schrien einige, die mich nicht leiden konnten. Aber der Lehrer Fleißiger meinte, das kann jedem passieren. Franzl war auch wieder da, da waren wir beide ein bißchen stolz darauf, daß wir die halbe Klasse leergemacht hatten. Zuletzt bekam sogar Franzls Großmutter die Masern. Der Musikdirektor ließ gleich die ganze Schule schließen.

Nach den Masern konnte ich plötzlich nicht mehr richtig sehen. Die Buchstaben an der Tafel verschwammen, und in der Fibel sah ich nur graue Striche. So saß ich in der Bank und rührte mich nicht mehr. Der Fleißiger kam wie aus dem Nebel auf mich zu, hielt die Hand vor meine Augen und fragte, wieviel Finger ich sehe. Ich wußte schon, daß es fünf sein mußten, sagte aber sieben. Da befahl der Lehrer dem Förster Fredl, mich nach Hause zu führen, und der Franzl schloß sich an, weil er den Weg besser kannte. Der Fredl erzählte mir unterwegs, daß er schon mal einen Blinden gesehen hat, der vorm Rathaus saß und einen Hut in der Hand hielt, wo die Leute Geldstücke reinwarfen. Doch als der Stöckel-Gendarm mit seinem schweren Säbel um die Ecke kam, rannte der Blinde wie der Blitz davon. Das war unvorsichtig, er hätte irgendwo anstoßen oder hinfallen können.

Meine Frieda-Mama bekam einen Schreck, als sie hörte, ich könne nicht mehr sehen. Sie rief gleich den Vater. Vater stellte sich schlauer an als der Fleißiger und zeigte mir drei Finger: »Wieviel siehst du?« Sieben sagte ich, und Franzl bestätigte, in der Schule habe ich auch sieben Finger statt fünf gesehen. Deshalb sollten sie mich führen.

Vater wußte jetzt, daß er etwas unternehmen mußte. Er schaute auf die Uhr, sagte, in einer halben Stunde geht ein Zug, wir müssen schnell zum Augenarzt. Meine Freunde fragten, ob sie mitkommmen dürfen, einer links, einer rechts zum Stützen. Der Vater erlaubte es aber nicht. Unterwegs zum Bahnhof konnte ich auf einmal wieder ganz gut sehen, sagte aber nichts, weil ich mich auf die Eisenbahn freute. Trotzdem führte mich Vater an der Hand und rief dauernd Achtung Stufe oder Achtung Stein.

Ich war noch nie in so einer großen Stadt wie Karlsbad (Karlovy Vary). Wir müssen bald da sein, sagte ich, weil immer mehr Häuser vorbeihuschten. »Ich denke, du kannst nichts sehn«, sagte der Vater und wollte wissen, wieviel Knöpfe er an seinem Jankerl hat. Sieben, sagte ich. Da mußte ich den Jankerl abtasten, es waren nur fünf. Ich konnte gar nicht so schnell gehen, wie Vater mich hinter sich herzerrte, als wäre ich ein blinder Esel. Die hohen Häuser, die Geschäfte, eine Straße voller Wunder. Ein großes Schaufenster sah ich, es war voller Spielzeug. »Komm, kannst ja doch nichts sehen«, drängte Vater. Darauf ich: »So eine Eisenbahn wünsch ich mir auch. Sie hat sieben Waggons.« »Vier«, korrigierte der Vater, »zeig mir mal vier Finger!« Ich zeigte sie ihm, das beruhigte Vater, er dachte wohl, ich kann auch nicht mehr zählen.

In einem Zimmer des Augendoktors saßen acht Leute, als der achte zum Doktor rein ging, mußte ich plötzlich mal. Ich hatte Angst vor dem Mann im weißen Kittel. Doch Vater bestand darauf, daß ich es aushalten soll, wir sind gleich dran. Der Doktor hatte schon eine Brille, vielleicht hat er sich auch angesteckt. Trotzdem fragte er freundlich, was uns fehlt. Eigentlich fehlte uns nichts. Der Vater hatte noch seine Aktentasche und ich noch meine Augen. Vater bestand drauf, sie zu untersuchen. »Hatte der Bub vielleicht Masern?« Woher er das nur wußte. Dann führte mich der Doktor zu einer weißen Tafel mit schwarzen Buchstaben und Zahlen. Die erste Reihe oben konnte ich noch lesen. Der Doktor schlug ein Bilderbuch auf, ich sollte sagen, was ich sehe. Einen Ball konnte ich noch erkennen. »Aha«, sagte der Doktor. Jetzt setzte er mir zwei Brillen auf. Mit der ersten konnte ich drei Zeilen von der Tafel lesen. »Aha«, sagte der Doktor wieder. Mit der zweiten Brille legte er mir eine Fibel vor. Genau so eine, wie ich hatte. Er schlug die Seite mit der Feder auf. Ich sollte vorlesen.

»Eine Feder auf dem Hut. Ef. Wir reimen einmal: auf – lauf, sausen – mausen, laufen –saufen, eilen – feilen, reise – schei... nein – leise ...« »Na, das geht ja«, freute sich der Doktor. Er konnte ja nicht wissen, daß ich die F-Seite und andere schon auswendig konnte. Danach erklärte der Doktor, welche Brille ich für die Tafel und welche ich zum Lesen und Schreiben nehmen müsse.

In der Schule mußte ich abwechselnd die eine oder die andere aufsetzen, daß mir die Arme müde wurden. Die Kinder lachten dazu, weil das wohl komisch aussah. Ich lachte ja auch gern über andere, aber wenn man selbst ausgelacht wird, ist das nicht so schön.

Nach einer Woche warf ich beide Brillen auf den Fußboden. Anfangs war alles noch ein bißchen verschwommen. Aber am nächsten Tag konnte ich wieder sehen, ohne Brillen.

Da lachte der Lehrer Fleißiger und fragte prüfend: »Wieviel Finger siehst du jetzt an meiner Hand?« »Vier«, sagte ich. »Schau bitte ganz genau hin!« »Immer noch vier, der andere ist ja ein Daumen.« Seitdem begannen die Lehrer mich öfters zu prüfen. Wenn ich taub geworden wäre, ließen sie mich vielleicht in Ruhe. Aber Masern wollte ich wegen der Ohren nicht noch einmal. Wer weiß, was danach kommt.

Hinter dem blauen Bären

Mit meinen Eltern bin ich, solange sie noch lebten, viermal umgezogen. Jedesmal mit ein paar Möbelstücken mehr. Vom ersten Umzug weiß ich nur noch: Es lag viel Schnee, und kalt war es, so daß meine neue Mama, die Frieda, uns Buben bis zur Nasenspitze einhüllen mußte. Der Fahrer vom Lastauto hat uns in seine Kabine verstaut, wir schliefen bald ein und sind erst am Zielort wach geworden.

Wie aufregend so ein Umzug ist, erlebte ich vier Jahre später. Wir ziehen ins Erzgebirge, hieß es. Vater schwärmte schon Wochen davor, er sei dort geboren, kenne sich im Gebirge aus und erzählte aus der Zeit, als er Hütejunge war. Was er gehütet habe? Na alles, Ziegen, Schafe, Gänse, manchmal auch Kühe und Flöhe, sagte er. Er verschwieg aber, was ich erst Jahre später erfuhr, daß er mit vielen Geschwistern aufgewachsen ist und nur bis zur sechsten Klasse die Schule besuchen konnte. Er schämte sich deshalb. Seine Armut war groß, was man zum Lernen brauchte, viel zu teuer. Beim Hüten konnte er auch lernen. Er lieh sich von älteren Schülern Bücher aus, stahl auch manchmal welche und übte sich mit Bleistiftstummeln im Schreiben. Rechnen lernte er von selbst, das bringt die Not mit sich. Er war so was wie ein Schnellrechner geworden, so daß ihn die Konsumgenossenschaft nach einem Bergwerksunfall anstellte.

Nun fuhren wir ins Erzgebirge, wo Vater eine Verkaufsstelle übernehmen sollte. Der Ort lag direkt an der Grenze zu Sachsen, und wir würden sehen, versprach Vater, wie schön es dort ist. Die gesunde Luft würde besonders mir guttun, weil ich doch immer so blaß sei und kränkle. Ich dachte aber nicht an Krankheiten, sondern genoß die Reise voller Neugier und Erwartung.

Nach einer Stunde Fahrt durch flache und hügelige Landschaft lag es vor uns, das Gebirge, wie ein riesiger blauer Bär, drohend und furchteinflößend. Wie kommen wir mit dem Auto dort rauf? Müssen wir vielleicht klettern, gibt es dort oben überhaupt einen Konsum? Ob dort sogar der Rübezahl haust? Von ihm habe ich in der dritten Klasse schon gelesen, vor ihm hatte ich keine Angst. »Rübezahl!« werde ich rufen, wenn ich in Not bin. Er soll ja Armen helfen und Böse, wie den Stöckl-Gendarm, verzaubern.

Aber je näher wir ans Gebirge kamen, um so leichter wurde mir ums Herz. Der Bär war schon nicht mehr zu sehen, der Wald wurde immer dichter, das Lastauto fuhr an Bächen entlang, die immer schmaler und wilder wurden. Die Straße schlängelte sich durch Täler mit steilen Hängen. Manchmal begegneten uns Pferdegespanne mit langen Baumstämmen, so daß das Auto rückwärts fahren mußte, damit die Baumstämme es nicht in den Bach stießen. Manche Brücken knarrten bei der Überfahrt. Nach längerem Schaukeln des Fahrzeugs, das sich höher und höher mit dröhnendem Motor schraubte, verzog sich plötzlich der Wald, wir waren auf dem Rücken des Bären. »Brotzeit«, sagte der Kraftfahrer und ließ den Motor ausruhen. »Wir sind bald da«, sagte mein Vater und gab mir ein Brot mit Schmalz.

Kalt war es auf der Höhe, obwohl es Sommer war und die Sonne schien. »Das ist ein Lüftchen, was?« meinte der Vater und breitete die Arme aus, als wollte er die Welt umarmen. Es sei gesund heroben, ich werde es erleben. Doch zunächst erlebte ich, daß es wieder bergab ging. Nach mehreren Windungen tauchten immer mehr Häuser auf, flossen Bächlein zu einem breiten Bach zusammen. »Wir sind in Breitenbach (Potučky)«, rief Vater, und schon kam Mama Frieda uns entgegen, die mit meinem Bruder Anton zwei Tage früher vorausgefahren war.

Mein Bruder muß das einstöckige schöne Haus mit den großen Schaufenstern schon untersucht haben. »Soll ich dir mal was zeigen?« empfing er mich. Er hatte hinter dem Laden einen Kellereingang entdeckt, aus dem es nach Petroleum roch. Vater gleich hinter uns her. Seine Stimme überschlug sich bald: »Daß mir keiner an das große Faß geht und keiner diese Pumpe berührt!« »Die geht ja sowieso nicht«, meinte Entdecker Anton, schwieg aber erschrocken, als er Vaters Gesicht sah. Der Zutritt zum Keller war uns »ein für allemal verboten«.

Aber es gab anderes zu erforschen. Über dem Laden war eine große Küche mit einer richtigen Wasserleitung. Was für ein Luxus! Neben dem Schlafzimmer ein schmaler Raum, in dem es nach abgestandenem kalten Zigarettenrauch stank. Dieses merkwürdige Zimmer wurde von Vater gleich abgeschlossen, es gehöre nicht zur Wohnung. Doch als wir im Flur eine Leiter sahen, die auf den Dachboden führte und von einer Falltür abgeschlossen wurde, erwachten bei mir sagenhafte Vorstellungen. Hinter Falltüren, das wußte ich von anderen Geschichten, verbergen sich meistens geheimnisvolle Dinge. Doch Vater schob den Riegel fest zu und hing ein Vorhängeschloß daran. Er hatte, wie ich später erfuhr, seine Gründe.

Wir sollen nicht herumstrolchen, hieß es. Doch meine Eltern hatten noch genug mit Möbelschleppen und Auspacken zu tun. Wir schlichen uns davon. Nicht weit vom Haus entfernt, lockte ein Teich mit einer kleinen Insel.

Dahinter ein Bächlein und ein schiefes Holzhaus, vor dem ein Junge eine Ziege am Strick hielt und ihr einen Ball aus Lumpen unter den Bart hielt. Der Junge war barfuß und hatte ein Hemd aus verschiedenen Stoffresten an. Ob er ein Hütejunge sei, fragte ich. Er verstand mich wohl nicht und sagte etwas, das ich auch nicht verstehen konnte. Na, das wird was, dachte ich. Wir kamen gerade rechtzeitig nach Hause, als der Vater auf zwei Fingern pfiff. So ruft er uns immer, wenn er uns nicht sieht. Essen! Mama Frieda hatte eine dicke Kartoffelsuppe gekocht, daß der Löffel drin stand. So wollte der Vater Suppen, mit einem Teller voll sollten wir satt werden. In der Küche war schon aufgeräumt, beim Essen erzählte ich von dem Jungen mit der Ziege, der uns nicht verstehen konnte. »Er spricht ganz anders als wir.«

Vater sah seine Stunde der Aufklärung gekommen. Er fing plötzlich an zu singen: »O der Grenz vo Sochsen, wu de Schworzbeern wochsen ...« oder so. Ich sagte, beim Essen soll man doch nicht singen. Das sah der Vater offenbar ein und meinte abschließend, wir würden schon noch allein dahinterkommen. Wie leicht verständlich war dagegen unser »Eghalanda Deitsch«. Hoffentlich reden sie in der Schule »hochdeitsch«. Bruder Anton war das wurscht. Er redet, wie er will, und wenn ihn keiner versteht, bleibt er eben daheim oder geht Fischen. Er habe eine Forelle im Bächlein gesehen.

In den ersten Tagen durften wir uns nicht weit von zu Hause entfernen, nur so weit, daß wir Vater noch pfeifen hörten. Doch einmal soll er sich halbtot gepfiffen haben. Wir sind auf einen Hang hinaufgeklettert, weil dort eine Eisenbahn fuhr. Die Strecke verlor sich nach beiden Seiten in einer breiten Biegung, wonach von unserem Haus nichts mehr zu sehen war. Wir hofften, den Bahnhof zu finden.

Aber es kam kein Bahnhof, nur eine Haltestelle mit einem Schild. Ein Weg führte über die Schienen. Zum Glück begegneten wir einer alten Frau mit einem großen Korb auf dem Buckel. Ich fragte im richtigen »Deitsch«, wo der Bahnhof ist, die Frau hat verstanden und zeigte in die Richtung, von der wir gekommen sind. Also zurück. Mein Bruder, der Depp, hätte es wissen müssen. Er kam doch mit dem Zug. Als wir wieder unser Haus erkannten, sagte der Anton, jetzt ist es sowieso wurscht, wann wir nach Hause kommen. Wir gehn einfach hier weiter bis zum Bahnhof, und dort kennt er sich aus. In meiner Erinnerung ein langer Weg. Eine Kurve nach der anderen zwischen Hochwald und schroffen Felsen. Donnernd und mit lauter Sirene kam ein Motorzug angerast. Wir schmiegten uns an die Felswand, ein Eisenbahner drohte. Eine ganze Weile hörten wir noch den Zug stampfen. Erst als wir ihm am Rande der Schwellen über eine Eisenbahnbrücke folgten, sagte mein Bruder, wir sind jetzt bald am Bahnhof. Dort hörten wir auch Vaters Pfiffe. O Jessesmaria, ich ahnte, Vater wird gleich seinen Rappel kriegen. So geschah es auch, er freute sich wütend, daß wir noch lebten. Mama Frieda hat sich beim Wiedersehen sogar an den Augen gewischt.

Am Sonntag wird er mit uns einen Spaziergang machen, sagte der Vater, nachdem er nicht mehr rot im Gesicht war. »Hier muß man sich auskennen!« Wir hätten von einem Felsen stürzen, im Moor versinken können oder von Kreuzottern gebissen worden sein, oder Finanzer hätten uns an der Grenze geschnappt und eingesperrt. Das reichte erst einmal. Was Finanzer sind, wollte ich gar nicht mehr fragen. Muß eine ganz gefährliche Gegend hier sein.

Der Sommer ging dahin, inzwischen lernten wir auch einige Kinder kennen. Ich war gespannt auf die Schule und die Lehrer. Wer weiß, was die uns in ihrer Sprache zubrüllen.

Lehrer und Clown

Als Kind eine andere Schule besuchen zu müssen ist immer mit innerer Erregung verbunden. Die Erwachsenen gehen scheinbar kühl darüber hinweg, sagen die üblichen Sprüche, wie man sich verhalten muß und erwarten, daß man ihnen keine Schande bereitet. Sie denken dabei mehr an sich selbst als an die Ängste der Kinder. Nicht selten schüren sie sie auch noch mit drohenden Sprüchen wie: Komm' du erst mal in die Schule, oder es wird Zeit, daß die Schule wieder beginnt. Die Schule und mit ihr die Lehrer empfand ich immer als eine Art von Strafgericht.

Mein Zeugnis vom Abgang aus der dritten Klasse konnte sich wohl sehen lassen, hatte fast nur Einsen, doch nun, als ich die Schule wechseln mußte, dachte ich immer daran, wie werden die Lehrer sein: freundlich oder streng, wobei letzteres Ungerechtigkeit und schmerzhafte Strafen mit einschloß. Mit den Kindern – da hatte ich weniger Bange – würde ich mich schon verstehen.

Uns gegenüber wohnte der Hahn Ernstl. In unserer Gegend wurde immer der Nachname zuerst genannt. Ernstls Vater war Schmied, durch das offene Tor der Werkstatt klangen täglich Hammerschläge, und wenn der Geselle mithämmerte, klang das wie Musik. Dafür hatte ich ein Ohr. Der Meister hatte einen Bart wie Rübezahl und der Geselle ein eckiges Gesicht wie die geschnitzten Kasperlepuppen. Sie flößten mir keine Angst ein, auch wenn sie

Die Dorfschule in Breitenbach (Potučky). Sie hatte vier Klassenräume, ein Raum für jeweils zwei Jahrgänge. Sie ist inzwischen nicht mehr benutzbar. Auf dem anderen Foto bin ich als braver Schüler zu sehen (siehe Pfeil!), eine Reihe zuvor mein wesentlich auffälligerer Bruder Anton und im Hintergrund unser stattlicher Lehrer, Jäger und »Klassenclown«, von dem noch zu lesen ist. Vorne rechts sitzt der Hahn Ernstl und neben ihm der Paatsch Leo.

wir rei men ein mal

1. auf – lauf   fein – rein
2. ſau ſen – mau ſen   lau ſen – ſau ſen
3. ei len – fei len   rei ſe – lei ſe

o ſo faul – war um ſo faul – auf –
ſei rein – ſei fein – ſei ein mal lei ſe –
    wer   wer fen   ler nen   fer ne

mich vom Schmiedefeuer wegjagten. Dort lernte ich auch den schmächtigen Ernstl kennen. Er war genau so scheu wie ich, doch als wir uns trotz verschiedener Mundarten auf »Hochdeitsch« verständigten, fragte ich ihn nach den Lehrern aus. Wir kriegen jetzt in der vierten Klasse den Herrn Lehrer Wüst, sagte er, der ist streng, manchmal auch lustig, betonte er. Meine erste Freundschaft mit Ernstl war mir schon deshalb wichtig, weil wir gleichen Alters waren. Ich hoffte, mit ihm in einer Bank sitzen zu dürfen.

Der zweite Schulfreund war der Junge mit der Ziege, der mir bei der ersten Begegnung nicht freundlich gesonnen schien, wahrscheinlich, weil wir uns noch nicht verständigen konnten. Das änderte sich aber, als Mama Frieda mir täglich befahl, einen Liter Ziegenmilch von den Kreisls zu holen. Sie sei dort billig. Vater ergänzte lautstark: und gesund! Er habe selbst Ziegenmilch gleich vom Euter getrunken. Ich mochte keine Ziegenmilch, Bruder Anton trank meine mit, wenn es keiner sah. Jedenfalls kam ich mit dem Kreisl Erich ganz gut zurecht, weil er Fußballstürmer werden wollte, ich entschloß mich zum Torwart. Hinterm Haus war vor kurzem erst ein Fußballplatz angelegt worden. Erich stürmte, und ich hielt seine Schüsse, nicht immer. Die Freundschaft wurde enger, als der Vater uns nach einer ungerechten Strafe einen Ball schenkte. So konnte er uns auch vom Hause aus beobachten und brauchte nur einmal zu pfeifen, und der Erich konnte seine Ziege besser auf den Ball dressieren. Sie lief ihm nach und störte ganz schön unser Spiel. Wie Erich die Lehrer sieht? Er sagte, am liebsten würde er sie gar nicht sehen. Wir kriegen jetzt in der vierten Klasse den Wüst. Der sei ziemlich streng, aber nicht immer.

Der dritte im Freundschaftsbund wurde der Paatsch Leo. Er hütete seine zwei Ziegen hinter dem Bächlein, hatte eine

Brille, weil er kurzsichtig war, und wer ihn nicht kannte, konnte meinen, er sei ein bißchen damisch (dämlich). War er aber nicht. Er verstand ganz schnell ein Feuerchen zu entfachen, in das er rohe Kartoffeln legte, bis sie eine verkohlte Schale hatten. Die schmeckten. Vater fragte zwar, warum ich so ein schwarzes Maul habe, doch als er hörte wovon, war er zufrieden, er wurde auch von Kartoffelfeuerchen satt. Leo bekam vielleicht zu wenig Brot, obwohl sein Vater ein Bäcker war, aber daran lag es nicht, daß er verkohlte Kartoffeln vorzog. Er sei ein Spinner und Tolpatsch, sagten Ernstl und Erich, deshalb verstand ich mich mit Leo sehr schnell. Von Lehrern hielt er nichts, auch nicht von Wüst, der würde immer Schlüssel, Kreidestücke und den Tafelschwamm auf ihn werfen, wenn er nicht aufpaßt. Außerdem sei er ein Jäger und stolziere fast jeden Nachmittag mit Gewehr und Dackel durchs Dorf.

So vorbereitet sah ich mit gemischten Gefühlen auf den Schulbeginn. Doch zuvor mußte mein Vater mit mir und meinem Bruder zum obersten Lehrer und uns anmelden. Mama Frieda bestand darauf, die guten Hosen und das Jankerl anzuziehen und Schuhe, obwohl wir lieber barfuß gegangen wären. Der späte Sommer war noch warm und trocken. Vater band sogar einen Schlips um. Die Schule war noch geschlossen, eine Frau sagte, der Herr Krehan wohnt nur zwei Häuser weiter, über der Gendarmeriestation. Ich dachte, wenn der von Gendarmen bewacht wird, muß es schlecht um ihn stehen. Wer weiß, wie gefährlich der ist.

Nach dreimaligem Anklopfen rief ein leises Stimmchen »Herein!«. Vater öffnete furchtlos und blieb an der Tür stehen. Eine interessante Stube. An den Wänden hingen in Bilderrahmen Schmetterlinge und Käfer, überall standen ausgestopfte Vögel und kleine Tiere, in hohen Gläsern auch

Schlangen. Und Bücher wohin man blickte, sogar in Stapeln auf dem Fußboden. Erst danach sah ich den kleinen, hutzeligen Lehrer mit Kneifer. Vater hat wohl schon gesagt, weshalb wir kamen. Das Männchen schaute bereits unsere Zeugnisse an, bis er uns rief, mich zu erst. Mein Zeugnis gefiel ihm besser als das von meinem Bruder Anton, er nickte mir streng zu, meinen Bruder fragte er, ob er vielleicht nicht gern zur Schule geht. Er schüttelte den Kopf. Das war alles, wir konnten gehen. Vater fragte draußen verärgert, warum Anton den Kopf geschüttelt hat, und er antwortete, weil es so ist. Wenn ich gefragt worden wäre, ob ich gern zur Schule gehe, hätte ich genickt, auch wenn es nicht wahr ist. Vater befahl dem Anton, von jetzt ab gern zur Schule gehn zu wollen, und die Dreien auf dem Zeugnis müssen weg, »ein für allemal!«.

Das Unglück wollte es, daß wir beide in einem Klassenraum sitzen mußten, denn die Schule hatte nur vier Räume. Der Herr Lehrer Wüst mußte zwei Klassen auf einmal unterrichten. Aber daran konnte man sich gewöhnen. Während die älteren Schüler sich ausruhten und nur stille Aufgaben bekamen, mußten die jüngeren aufpassen, antworten oder an der Tafel etwas vorrechnen oder aufschreiben. Der Kreisl Erich, als der Stärkste von uns, hat schon am ersten Tag dafür gesorgt, daß ich mit ihm und dem Hahn Ernstl in einer Bank saß, der Tolpatsch Leo in der letzten Bank neben einem großen Mädchen, das Marianne hieß. Sie störten nicht, weil sie oft müde waren oder so taten.

Jedenfalls kam mir der Lehrer Wüst gar nicht so streng vor, seine Stimme war eher leise und singend. Einen Goldzahn hatte er auch, und in der Pause rauchte er Pfeife mit stinkendem Kraut.

»Der ist ja gar nicht so, wie du gesagt hast.« Erich antwortete: »Wart's nur ab.« Ich brauchte gar nicht so lange zu warten, da geschah etwas sehr Merkwürdiges. Der Herr Lehrer sprach gerade über Heimatkünstler, also Leute, die Figuren schnitzen, sogar ganze Bergwerke und Weihnachtskrippen, und zu Hause Lieder von einem Günther Tonl sangen und noch mehr davon, als er plötzlich still wurde und sich sehr seltsam benahm: Er fing auf einmal an, in der Nase zu popeln, zog den Finger raus, schaute nach, ob was dran ist, popelte weiter, drehte ein Kügelchen mit zwei Fingern, popelte weiter. Die meisten Schüler hielten sich den Mund zu, damit man ihr Lachen nicht sah und hörte, nur ich konnte mich nicht halten und kicherte. Da nahm der Lehrer sein Schlüsselbund und warf es genau dem Tolpatsch Leo auf die Bank. Der erschrak, ich aber auch. Leo hörte gleich auf zu popeln. Solche Aufführungen erlebte ich öfter, wenn zum Beispiel die Mädchen mit ihren Zöpfen spielten oder gähnten oder sich kratzten oder miteinander tuschelten. Der Wüst spielte im letzten Falle gleich zwei Mädchen, indem er stumm plappernd mal die eine und die andere vorführte. Das waren schon saukomische Faxen. Die Mädchen bewarf er aber nur mit Kreide oder einem nassen Schwamm. Schwämme mußten bei ihm immer naß sein. Mir wurde schon klar, er zeigte uns, was man als Schüler im Unterricht nicht darf.

Der Wüst konnte auch sehr schön singen und Geige spielen. Aber mehr als drei Lieder lernten wir in diesem Jahr nicht. Erst probierte er in jeder Singestunde die Tonleiter. Die gern falsch sangen, bekamen mit dem Geigenbogen eins auf dem Kopf. Der Kreisl Erich müßte davon schon ganz behämmert sein. Wenn er immer noch nicht den richtigen Ton traf, durfte er sich vorne in die Ecke stellen. Zuhören konnte er und machte hinter dem Rücken des Lehrers Faxen. Leider trauten wir uns nicht, darüber zu lachen, denn der Geigenbogen traf auch gute Sänger, die den Musikunterricht lächerlich fanden.

Ansonsten holte der Wüst bei schlimmen Vergehen eine von den Weidenruten aus dem Schrank, die immer mal gewässert wurden, damit sie schön biegsam blieben. Diebe mußten die Hand ausstrecken und ssst, sauste die schlanke Gerte zwischen Daumen und den kleinen Finger. Ich glaube, das tat weh. Nur der Slowak Janosch spürte das nicht mehr so, er hatte schon Hornhaut. Einmal mußte er sich sogar über die erste Bank legen. Der Janosch war immer darauf eingerichtet, und hatte seine Hose mit Zeitungen ausgepolstert. Entweder war der Wüst so dumm und hat das nicht gemerkt oder unter seinem Janker schlug noch ein mitleidiges Herz. Lehrer sind ja auch nur Menschen.

Ich durfte sogar einmal seinen hinkenden Dackel in den ersten Stock seiner Wohnung hinauftragen, weil er das Gewehr halten mußte. Er hat dem Dackel dabei gut zugeredet und gesagt, das wird schon wieder und zu mir vor der Tür »Danke«. Ich kann mich nicht mehr erinnern, daß sich ein Lehrer wegen einer Kleinigkeit bedankte. Dieses Erlebnis habe ich aber für mich behalten, ich wollte nicht, daß mich andere Mitschüler als Anschmierer beschimpften. Ich hätte auch einen hinkenden Lehrer die Treppe hinaufgetragen, wenn er kein Gewehr gehabt hätte.

Kinder finden miteinander schnell Kontakt, wenn sie sich bemühen, die jeweilige heimatliche Mundart zu erlernen. Freilich, in der Schule kann man sich hochdeutsch verständigen, das aber landschaftlich bedingt, eine eigenartige Färbung haben kann. Im egerländischen Kulturkreis (im Böhmischen überhaupt) haben selbst Leute mit Bildung Schwierigkeiten, die Umlaute ü und ö lautrein auszusprechen. Beispiel: »Weihnachten ieber hatten wir kein scheenes Wetter.« Ich mußte, um einige Jahre vorauszueilen, als Lehrling in einer preußischen Stadt bei meiner Einstellung gleich einen Volkshochschulkurs belegen, damit ich erst einmal »rischtisch deutsch spreschen lerne«. Richtig deutsch sprechen zuallererst natürlich die Berliner, noch besser die Hannoveraner, die das altmodische rollende R in einen modernen Kehllaut umwandeln und die wie die Hamburger und andere feine Nord- und Ostseeanlieger Sp und St trennen. Sie sagen »s-pitzer S-tein«. Die im tschechischen Prag aufgewachsenen deutschen Beamten und Studienräte sprachen sogar das allerreinste Deutsch.

Der Streit ist müßig. Mit unserem »Schuldeitsch« konnten wir uns im Egerländischen wie im Erzgebirge vorübergehend ganz gut verständigen. Die Kinder lachten und spotteten über meine Mundart. Sie sei gar nicht zu verstehen, Äis- und Oas- und Ous-Wörter könne man nicht schreiben und schon gar nicht aussprechen. Ich fand, ihre

»Gebarchsschproch« sei auch nicht besser. Wenn ich schon höre, daß man statt Junge »Gung« sagt und statt schön »schie« und das A mit O verhunzt! Aber das war nur eine Übungssache. Wenn der Kreisl Erich sagte, »mir genga enn die Schwomma«, schloß ich mich begeistert an, denn Pilze suchen ist so was wie eine Erblast. Mein Vater krönte sich selbst zum Pilzkönig des nordwestlichen Erzgebirges.

Schimpfwörter lernten wir am schnellsten in der Originalaussprache. Als einmal die ewig müde Mariandel vom Kaplan aufgefordert wurde, ihr Vater solle zu ihm kommen, da brach das arzgebarchische Urgestein bei ihr aus: »Enn Orsch kummter!« Der Herr Kaplan bestrafte diese Antwort mit zwei saftigen Watschen, auf hochdeutsch Ohrfeigen.

Vater hatte als Konsumverkäufer keine Schwierigkeiten, der wurde von den Kunden gleich als einer der ihrigen anerkannt, sogar von den tschechischen Bahn- und Zollbeamten (den Finanzern). Es begab sich nämlich, daß einmal deren Gattinnen im Laden sich aufregten, weil sie nicht gleich vor anderen Kunden bedient wurden. Vater antwortete beim Mehlabwiegen »Ja rozumím česky.« Er lernte beim Militär viele solche Sätze und Brocken. Da schauten sich die Damen überrascht an und sagten, als sie dran waren: »Wir mechten, bittscheen, Fleisch fir Suppä, aberr nicht, wie heißen mastný?« »Nicht so fett«, erklärte Vater. Die Damen sagten danach »dankescheen« und Vater »děkuji vám«. Er war ja höflich und trug so zur Verständigung bei.

Ich freundete mich auch mit einem Schuljungen an, dessen Mutter eine Deutsche und der Vater ein Tscheche war. Der rundköpfige Mann konnte nicht richtig deutsch, und was er sagte, vermischte er mit Tschechisch. Er war ein gutmütiger Mensch, ein Handschuhmacher, und wenn er schon einmal schimpfte, dann nur auf tschechisch, weil er seiner Frau und dem Jungen, dem »Gung«, nicht wehtun wollte. Der Sazama, so hieß der Vater, war auch bei seinen Kollegen beliebt, weil er ihre oft derben Späße nicht verstand, aber herzlich darüber lachen konnte. In seiner Freizeit, reparierte er Schuhzeug für jeden, der das Geld beim Schuster sparen wollte, und hatte auch sonst viel Geschick. Bei meinem Vater legte er eine Lichtleitung in den Keller. Ich ging gern zu dieser Familie, sie bezogen als einzige in unserem Bekanntenkreis eine Wochenzeitschrift (ich glaube, sie hieß Wochenpost und hatte immer eine ganze Seite voller Witze). Sazamas »Gung« und ich lasen abwechselnd vor. Sein Vater lachte am meisten nach jedem Witz. Bei einem Stamperl (kleinem Maß) Rum am Konsumladentisch sagte er einmal, auf mich zeigend: »Jako meine Gung.« Wie mein Junge. Seitdem hatte ich eine glaubwürdige Ausrede, wenn ich gefragt wurde, wo ich mich wieder rumgetrieben habe. Na wo schon, ich war bei Jako meine Gung. Dieser Spitzname für Herrn Sazama hat sich bald herumgesprochen, daß es mir schon leid tat. War ja nicht bös gemeint. Und wenn manche seiner Kollegen riefen, da kommt Jako-meine-Gung, freute er sich.

In unserer Klasse war auch ein Mädchen namens Hedwig. Sie fiel eigentlich nur dadurch auf, daß sie schon älter wirkte und ein lautes Mundwerk hatte. Wie eine Dreckschleuder, sagte ihr Bruder Berthold. Mit dem verstand ich mich sehr gut, er konnte aus dicker Rinde wunderbare Schiffchen, Gesichter und Tiere schnitzen, sogar Hirsche, deren Geweihe blankpolierte Ästchen waren. Auch einen Achtender hatte er naturgetreu geschnitzt, er mußte lange suchen, bis er zwei gleichartige Äste für den Kopfschmuck fand. Trotz der ewigen Streitereien mit seiner Schwester behandelte er sie, wie man so sagt, brüderlich. Ich fragte immer, wenn wir uns trafen, ob er sich wieder mit seiner

Schwester gezankt hat. »Mit der Hedi werde ich allemal fertig«, antwortete er.

Eines Tages fehlte die Hedi in der Schule, was eigentlich nie vorkam. Ich wollte Berthold besuchen, aber Berthold sagte an der Tür, die er gleich hinter sich schloß: »Ganz leise, heute kannst du nicht reinkommen, die Hedi ist krank.« Er darf auch nicht zu ihr. Berthold folgte mir einige Stufen und verriet mit kummervollem Blick, seine Schwester habe geblutet, sie muß liegen. Das wird schon nicht so schlimm sein, sagte ich. Ich habe auch öfter Nasenbluten. Deswegen leg ich mich nicht hin. Mama schiebt mir einen feuchten Lappen ins Genick, ich setz' mich steif auf den Hokker, und nach einer Weile hört es auf. Berthold meinte, ich versteh ihn nicht, Hedi hat nicht Nasenbluten, sondern wo anders, ich wüßte schon wo. Ich wußte gar nichts, fragte auch nicht weiter. Am nächsten Tag war Hedwig wieder in der Schule und tuschelte in der Pause mit den größeren Mädchen. Als ich zuhören wollte, jagten sie mich weg. Es gibt also auch Geheimnisse, die man sich nur ins Ohr flüstern kann. Die haben wir Jungen auch.

Einmal raunte mir der Hahn Ernstl grinsend zu, ob ich mal was sehen will, was sonst niemand sehen darf, aber ich muß ganz leise sein und darf es keinem verraten. Wir haben uns schon öfter so was geschworen. Er führte mich hinters Haus zu einer Treppe, wo seine große Schwester, diese rothaarige Hexe, ihre Kammer hat. »Ich hab sie eingesperrt«, flüsterte Ernstl und zeigte mir einen großen, dikken Schlüssel. Da wir sowieso barfuß waren, hörte man auch nicht das geringste Tapsen. Ernstl legte noch einmal den Finger auf den Mund und zeigte auf das Schlüsselloch. Donnerwetter! So was hatte ich wirklich noch nicht gesehen, auch nicht zu Hause. Jetzt verstand ich auch, warum Ernstl soviel Angst vor der alten Kuh hatte. Sie stand in einer Waschschüssel und schruppte sich. Wenn sie ihre Boxerarme hob, gingen die mächtigen Halbkugeln auf ihrer Brust rauf, und wenn sie sie senkte, schwappten sie runter. Ich wußte auch nicht, daß bei Frauen nicht nur auf dem Kopf Haare wachsen. Schnell schlich ich weg, weil ich das Gefühl hatte, ich sah etwas Verbotenes. Ernstl war es auch lieber, zu verschwinden. Wir liefen den Hang hinterm Haus hinauf. »Wer der Erste ist, hat gewonnen.« »Aber wie kommt deine Schwester wieder raus, du hast ja den Schlüssel?« »Den leg ich nachher vor die Tür vom Gesellen. Der himmelt sie sowieso immer an.« Ich hatte so eine Ahnung, daß Ernstl danach noch was erleben wird. Aber das wird er mir schon erzählen, ich verrate ja nichts.

Und zu Hause schon gar nicht. Als ich einmal beim Rumstöbern in einer Truhe das dicke Doktorbuch entdeckte, kam Mama Frieda wie ein Habicht auf mich zugeschossen und nahm es mir weg. Sie hat uns Buben noch nie verpetzt, aber diesmal hatte sie wohl doch eine Andeutung gemacht. »Ihr habt nicht überall zu kramen«, sagte abends der Vater zu mir und meinem Bruder, »merkt euch das ein für allemal!« Mein Bruder wußte zwar nicht, warum, und ich hab ihm nichts verraten. Auch unter Brüdern muß man schweigen können.

Ich habe noch eine andere Entdeckung verschwiegen. Der Kreisl Erich, der seiner Ziege verschiedene Kunststücke beibringen möchte, sagte eines Tages: »Weißt du, was Ziegen alles saufen?« Alles wußte ich nicht, ich dachte an Wasser, Bier, Milch; Kakao bestimmt nicht, den können sich die Kreisls gar nicht leisten. Komm mit, sagte Erich verschwörerisch und zog mich in den Ziegenstall. Dort holte er sein Schnackerl raus und pinkelte. Die Ziege war wie verrückt danach, sie schlapperte und schlurfte und schmatzte, bis Erichs Quelle versiegte. »Sag bloß nichts meiner Mutter, mein Vater verdrischt mich danach.« Ich werd' mich hüten. Nicht einmal meinen Eltern und meinem Bruder hab' ich davon erzählt.

Trotzdem mußte ich jeden Abend einen Liter Ziegenmilch von den Kreisls holen. Ich höre Vater heute noch reden: »Die ist gesund, davon wird man groß und stark!« Es fehlte auch nie der Nachsatz, daß er als Hütejunge warme Ziegenmilch frisch vom Euter getrunken hat. Meine Eltern wollten mir einfach nicht glauben, daß mir von Ziegenmilch schlecht wird, bis ich einmal heimlich die Finger in den Rachen steckte und furchtbar würgen mußte. Als sie merkten, daß mir vom Ansehen der Milch schon übel wird, erließen sie mir diese Folter. Ich hätte ja noch hinzufügen können, jetzt weiß ich auch, wovon die Milch im Euter warm ist. Aber wozu Vater noch mehr verärgern, er meinte es ja nur gut wie alle strengen Väter.

Schnee, Schnee, Schnee

Als Kinder konnten wir den ersten Schnee kaum erwarten. Um die Totenfeiertage Allerheiligen und Allerseelen herum, die im Kalender am 1. und 2. November festgeschrieben sind, meldete sich der erste Schnee in einem Gemisch von Regen und nassen Flocken, die sich mühsam auf Dächern und Fußwegen festhielten. Doch nach wenigen Stunden schon zerfloß die dünne Schneedecke und löste sich in Matsch auf. Die Erde speicherte noch genug Wärme. Mich machte das Schneesterben, wie ich es nannte, fast traurig.

Auch im Erzgebirge schickte der Winter seine ersten Vorboten meistens im November. Nach einem anhaltenden trockenen Spätsommer goß es eine Woche lang wie aus Gießkannen. Die Hänge herunter lief das Wasser gleich Sturzbächen, spülte Schlamm und Geröll herab, staute sich, lief in die Keller der Häuser in tieferen Lagen, begleitet von Sturmböen, die an den Dächern rüttelten und zuweilen heulend im Schornstein sich verfingen. Das hörte sich gruselig an. Vater erzählte zwar oft genug vom frühen Einbrechen des Winters im Gebirge, aber in diesem ersten Jahr in der neuen Heimat schien der rauhe Geselle noch nicht ausgeschlafen zu haben. Vater meinte, der Winter käme in aller Stille, nicht heulend und in schaurigen Regenschwaden. Warum, konnte er nicht erklären. Aber das haben wohl

Erwachsene so an sich. Sie behaupten etwas, ohne es zu begründen.

Wo bleibt nur der Schnee, fragte ich mich täglich. Alles war bereits darauf vorbereitet. Die Schneereiter, die Verwehungen eindämmen sollten, waren längst an Straßen und Schienen aufgestellt, die Futterplätze im Wald für das hungrige Wild vorbereitet, auf den Höhen markierten die Waldbauern ihre Zufahrtswege mit langen Stangen. Aber wo bleibt der Schnee? Anfang Dezember lösten sich die tiefhängenden, dunklen Wolken auf, der Himmel lichtete sich, der Wind kam aus Nordwest und brachte merklich kühlere Luft mit. Mein Vater, der sich in Wetterfragen offenbar genau so auskannte wie auf geheimen Schmugglerwegen über die Grenze nach Sachsen, trat eines Abends vor die Tür, schaute zum Himmel, schnupperte und sagte mit Bestimmtheit: »Es riecht nach Schnee.«

Woher er das wissen will, hab ich ihn gefragt. Er konnte es mir nicht erklären, deutete aber auf einen graublauen Streifen am Himmel, der sich langsam über den Höhen von Johannstadt jenseits der Grenze verbreitete.

Die alten Erzgebirgler hatten wohl eine besondere Nase und einen besonderen Blick für Wettervorhersagen. Sie wußten schon Wochen vorher, es würde einen strengen Winter geben und deuteten dies an den rotleuchtenden Früchten der Eberesche, des »Vugelbeerbahms«. Andere spürten es in den Gelenken oder verließen sich auf ihre Ahnung, die sie ebenso wenig erklären konnten wie den Geruch des Schnees. An diesem Abend mußten wir Kinder wie gewohnt um sieben Uhr abends ins Bett. Es war inzwischen so kühl geworden, daß ich meinen Bruder, der das Bett mit mir teilte, öfter anrempeln mußte, weil er mir die Bettdecke wegzog. Ich träumte vom Schnee.

Am andern Tag, der Himmel war grau in grau, gingen

wir fröstelnd zur Schule. Der Kachelofen war schon angeheizt, Lehrer Wüst öffnete einen Augenblick das Fenster und sagte leise in die stille Klasse hinein: »Es riecht nach Schnee.« Wenn sogar Lehrer das sagen, mußte es stimmen.

»Es schneit!« Die Schmuckler Anna entdeckte die ersten Flocken, alle rannten zu den Fenstern, auch Lehrer Wüst. Die Äste an den Bäumen, die Gräser auf den Wiesen, der Weg zu Schule bedeckten sich mit weißen Laken. Der Schnee hält sich nicht lange, sagte Lehrer Wüst. Ich bekam eine stille Wut auf ihn. Als es zu schneien aufhörte, meinte auch Vater, das sei nur eine kurze Vorstellung. Nachmittag war im Tal vom Schnee fast nichts mehr zu sehen, nur oben am Hang, wo die Eisenbahn entlangfuhr, schimmerte es noch weißlich.

Mitten in der Nacht wurde ich von einem seltsamen Geräusch geweckt. Was knistert da? Es kam von draußen, nicht ständig, doch in unregelmäßigen Abständen. Ich stand im Dunkeln auf, entdeckte am Fenster weiße Flecken, öffnete es und rief im gleichen Augenblick: »Es schneit wieder, und wie!« Die Eltern knipsten das Licht an, Vater knurrte böse: »Was brüllst du denn so! Schließ das Fenster und mach, daß du ins Bett kommst!« Aber die Neugier trieb auch ihn zu mir. Er schnupperte wieder und meinte versöhnlich: »Da kommt noch mehr, ich riechs.« Die übrigen Nachtstunden roch ich es auch. Während Vater längst wieder schnarchte, lag ich noch wer weiß wie lange wach, lauschte auf jeden Windstoß, der Schnee ans Fenster trieb. Doch den Schlaf kann man nicht überlisten.

Am Morgen schneite es immer noch, die Nachbarhäuser waren nur noch wie hinter einem Schleier zu erkennen, vermummte Gestalten schaufelten den Weg zur Straße frei, doch nach wenigen Minuten wehten Schneefahnen ihn wieder zu.

Was für ein Tag! Der ersehnte Winter war endlich da. Zwei Tage und Nächte stöberte es ohne Unterbrechung. Meine Freude mag für Erwachsene unbegreiflich sein. Aber es war der erste Wintersturm, den ich im Gebirge erlebte. Wie sollte ich das vergessen!

Als Kind denkt man nicht an Not und Kummer, der mir in den folgenden Jahren nicht verborgen blieb. Als ich ein Jahr später die fünf Kilometer entfernte Bürgerschule besuchte, dachte ich oft im Winter an den beschwerlichen Schulweg. Er führte bergauf mit gelegentlich flachen Strekken. Um fünf Uhr morgens wurde ich geweckt, noch bei Dunkelheit schnallte ich die Bretter an, stakte durch tief verschneite Wälder, um rechtzeitig zum Unterricht zu kommen. Auf der flachen Höhe der Bergstadt Platten (Horny Blatná) fegte oft ein grausamer Wind, erst im Schutze der Häuser konnte man wieder durchatmen. Der Rückweg am Nachmittag war nicht so anstrengend. Bei »gfügigem Schnee« war ich in 25 Minuten zu Hause.

Manchmal war ich auch etwas neidisch auf jene Schüler, deren Eltern es sich leisten konnten, ihren Kindern die Fahrt mit der Bahn zu erlauben. Dann und wann durfte ich bei Unwetter das auch, doch heute gebe ich ohne Reue zu, daß ich aus purer Faulheit gelegentlich auch ohne Fahrkarte mit dem Zug fuhr. Und ich war nicht der einzige unter den Schülern. Mitzufahren, ohne entdeckt zu werden, gehörte einfach zu den Mutproben. Keiner hat uns beim Schaffner verpfiffen. Die Schüler und auch andere Fahrgäste rückten auf der langen Bank des Waggons eng zusammen, stellten zwischen ihren Beinen die Rucksäcke und ermöglichten uns Schwarzfahrern, sich dahinter zu verstecken. Ich glaube, manche Kontrolleure schauten auch darüber hinweg. Vielleicht haben sie ihre eigene Kindheit noch nicht vergessen.

Erst mit neun Jahren lernte ich auf den Brettern aus der

Eberesche laufen, sie waren mein schönstes Weihnachts-geschenk. Für die ersten breitbeinigen Übungen bot sich ein sanfter Hügel an. Die Kinder, die mit vier oder fünf Jahren schon auf »Faßtauben« rumtollten, hatten ihren Spaß an mir, dem großen Jungen. Das stachelte meinen Ehrgeiz an. Allein und auf unbelebten Hängen übte ich Stunde um Stunde. Ich lernte schnell und konnte abends berichten: »Den Stemmbogen kann ich schon, und zum Bremsen brauch ich mich nicht mehr auf den Hintern zu setzen!«

Die Fortschritte waren für Vater Anlaß, mit mir auf den Plattenberg zu steigen, ein beliebter Aussichtspunkt mit Gasthaus. Nach zwei Bieren fragte er mich, ob ich mir zu-traue, den abschüssigen Heimweg allein zu fahren. Ich traute mich, knallte nach der ersten Kurve auf dem glattgefahrenen Weg hin, stand auf, fuhr wenig später nach mißlungenem Bremsen in eine Fichtenschonung. Der knietiefe Neuschnee und die noch biegsamen Stämmchen drosselten die Fahrt. So ging es weiter mit zunehmendem Tempo, bis mich der Teufel ritt. Vater, der nach jeder Kurve auf mich wartete, rief: »Wo willst du hin? Nicht dort lang, das ist zu steil!«

Die Fahrt den baumfreien Hang hinab durch hohen Pul-verschnee war wie ein Rausch, bis ich in der Talsohle kei-nen Boden mehr spürte. Ich sackte ein und stand plötzlich im eisigen Wasser, durch eine ungeschickte Bewegung nahm ich auch noch ein Bad bis zum Bauchnabel. Vater, der mir schmalspurig folgte, sah den von einer Schneewehe über-dachten Bach auch nicht und landete unweit und fluchend neben mir. Das war ein Anblick, beide lachten wir uns ge-genseitig aus.

Der erneute Aufstieg zum richtigen Weg war eine Qual und die Weiterfahrt auch. Der Schnee pappte und vereiste auf den Laufflächen, bis wir uns entschlossen, die Bretter auf dem Rest des Heimweges zu tragen. Meine Hose und

Unten zweiter von rechts mein Vater mit seinen Kumpeln vom Schacht.
Warum so fein mit Hut und Schlips? Vater: Ich hatte einen Unfall
und war noch nicht genesen, aber zum Fotografieren ging es.

Mama, Anton, Otto und Vater beim letzten Familienfoto. Die Sitzordnung war der Einfall des Atelierkünstlers. Er wollte uns nicht übereinander sitzen lassen, das hätte vielleicht den gebotenen Ernst der Aufnahme gestört. Hohe Persönlichkeiten wie Präsidenten, Minister, Offiziere, Pfarrer und Lehrer dürfen ja auch keine Faxen beim Fototermin machen.

Onkel Vinzenz, Vaters jüngster Bruder, ist als einer der ersten im Zweiten Weltkrieg gefallen.

ein Teil der Jacke waren steif vom Frost, Vater hinkte sogar ein bißchen, seine Stiefel ähnelten Eisklumpen. Mama Frieda sah uns kopfschüttelnd an und meinte: »Wenn man euch zwei schon einmal losläßt.« Nachdem Vater seine frostigen Füße mit Schnee eingerieben hatte und ich mich im vorgewärmten Bett schon wieder putzmunter fühlte, hörte ich ein Lob aus Vaters Mund: »Aus Otto wird vielleicht noch ein Springer wie Birger Ruud.« Der weltberühmte Norweger war das Idol aller Jungen aus dem Dorf. Ein Springer wurde ich nicht, obwohl wir auf selbstgebauten Sprunghügeln fleißig übten. Der am weitesten sprang, durfte sich Birger Ruud nennen.

Als ich 15 Jahre alt war, kletterte ich mit drei anderen Jungen auf eine Jugendschanze, um die schöne Aussicht von dort oben zu genießen. Die Schneeschuhe hatten wir dabei, der Grimmer Hanns besaß sogar Sprungschier mit zwei Riefen. »Du traust dich nicht!« Doch, er traute sich, er war auch der beste unter uns. Er sprang sogar 12 Meter. »Du traust dich nicht!« sagte Kreisl Erich auch zu mir. Nein, ich traute mich nicht. Während wir uns gegenseitig noch eine Weile als Feiglinge bezichtigten, hatte ich meine Bretter angeschnallt, nicht, um den Sprung zu wagen, sondern nur so, der schönen Pose wegen. Außerdem hatte ich ja die Schistöcke bei mir. Plötzlich bekam ich einen Stoß, entstanden durch eine kleine Balgerei hinter mir, die Schneeschuhe rutschten mir weg, ich ließ die Stöcke fallen, und ehe ich überlegen konnte, was jetzt zu tun sei, raste ich bereits über den Schanzentisch und flog für Sekunden in der Luft. Großes Geschrei hinter mir. Ich landete auf der steilen Sprungbahn, sogar noch mit beiden Beinen, bis sich die Schispitzen verhakelten. Ich stürzte. Unten angekommen hatte ich drei Bretter. Grimmer Hanns sagte, für den Anfang war es ganz schön weit, aber meine Haltung sei säuisch. Birger Ruud wurde ich an diesem Tag nicht. Ich hatte auch kein Verlangen danach. Langlauf lag mir besser.

Vater hatte nur ein grollendes »das mußte ja einmal kommen« für mein Mißgeschick übrig. »Die nächsten Bretter mußt du dir selbst erarbeiten.« Sonst habe ich keinen Schaden davon getragen.

Bier und Bolidick

Genau kann ich es nicht mehr sagen, wann Vater uns Buben die herbe Köstlichkeit des Bieres schmecken ließ. Nach
meiner Erinnerung mußte ich acht oder neun Jahre alt gewesen sein. Er pflegte an Sonntagen mit uns Spaziergänge
zu unternehmen, die schöne Umgebung von Petschau reizte
dazu. Er zog seine Sonntagsknickerbocker an, das Modernste der damaligen Männermode, dazu ein volkstümliches
Jankerl mit Hirschhornknöpfen, auf dem Kopf eine sport-
liche Mütze mit angenähtem Schirmdeckel und – das fand
ich schon als Kind komisch – ging sonntags mit seinem
Spazierstock. Vater hatte doch gesunde Beine und einen
Schritt an sich, der mindestens dreimal länger war als meiner. Daß der Stock nicht zum Stützen diente, war schon
daran zu erkennen, wie er ihn in merkwürdigem Rhythmus
handhabte. Er warf ihn bei jedem Schritt nach vorne, ließ
die Spitze einen winzigen Augenblick in der Luft stehen,
um sie dann schnell auf den Boden fallen zu lassen. Vielleicht war das die neueste Mode.

Vater hatte beim Spazieren immer ein Ziel im Auge,
nämlich eine Gaststätte, abseits der Autostraße. Bei schö-
nem Wetter spendierte er sich im Vorgarten ein großes
Seidel Bier, dazu zwei Brotscheiben mit Olmützer Kasln,
dem stinkigsten Käse, den es wahrscheinlich auf der Welt
gab. Er war so billig, wie er stank. Wir bekamen auch ein

Brot mit diesen runden Scheiben und danach unheimlichen Durst. Nun kam der Augenblick, wo der Vater es für richtig hielt, uns mit diesem Gebräu bekannt zu machen. Er schob uns beim zweiten Bier das Glas zu und sagte: »Aber nur den Schaum kosten!« Ich nippte daran und fand das bitterherbe Getränk gar nicht schlecht, mein Bruder nahm gleich einen vollen Zug und erntete einen Schlag auf die Hand. »Nur Nippen hab ich gsagt,« schimpfte der Vater.

Wer kann sich schon aufs Nippen beschränken, wenn die Erwachsenen, meistens Männer, den Bierhumpen anhoben, die oberste Schaumkrone wegbliesen und in einem Zug die Hälfte des Kruges leerten, danach aaah sagten, den Restschaum vom Munde wischten, sich zurücklehnten und ein glückliches Gesicht zeigten. Da halfen auch gelegentliche Mahnungen nicht wie: Das ist nichts für Kinder! Vater räumt immerhin ein, wenn ihr groß seid, dann ...

Ich war halbgroß, als ich das erste Mal erlebte, warum Bier auch für die »Bolidick« wichtig ist. Wenn Vater zu Mama Frieda sagte, heut wird's vielleicht ein bissel später, wir haben Versammlung, zog die Frieda kein fröhliches Gesicht, denn die Sozialdemokraten konnten erst gut und laut reden, wenn sie ihre Stimme dabei einbierten. Einmal war diese Versammlung an einem Nachmittag im Gasthaus. Vater nahm mich mit, weil ich so gebettelt hatte. Bevor einer zu reden anfing, mußte eine kräftige Frau erst Bier bringen, an jeder Hand fünf Seidel. Dann erhob sich jemand am vordersten Tisch und sagte: Genossen und Genossinnen. Er hatte eine Zeitung bei sich und las daraus etwas vor. Was, weiß ich nicht mehr, hab ich sowieso nicht verstanden. Dazwischen nahm der Vorleser einen Schluck, und alle folgten ihm. Und als die Versammlung mit weiteren Reden fortgesetzt wurde, sprachen manche, was wir in der Schule nicht durften, dazwischen. Meistens »Hört, hört!«

– danach wurde an den Tischen gemurmelt. Komisch war das schon. Alle haben doch zugehört, wozu mußten manche extra dazu auffordern. Richtig gemütlich wurde es erst, als die Versammlung vorbei war. Die meisten blieben sitzen, Vater auch, und erklärten sich gegenseitig am Tisch noch einmal die »Bolidick«. Und wie! Mit Händen und Füßen. Wenn Vater etwas gesagt hat, schaute er sich um, ob ihm auch alle recht gaben. Das war mir doch zu langweilig, deshalb ging ich nach draußen an den Bach und schaute den Forellen zu. Es wurde schon Abend. Als ich Vater pfeifen hörte, trollte ich mich mit ihm nach Hause. Mama Frieda schüttelte stumm den Kopf, auch zu mir, sonst gab es keinen Krach.

Solche Biergänge erlebte ich später öfter. Einmal am 1. Mai in der Bergstadt. Es war kalt, über Nacht sind 20 Zentimeter Schnee gefallen, die Männer, auch ein paar Frauen, schnallten die Schi (Ski) an, ich auch. Es war richtig schön an diesem schneereichen Frühlingstag. Vorneweg spurte Vater mit einer roten Fahne, die er sich in den Gürtel schnallte, damit er sich mit den Stöckern abstoßen konnte. Es ging immer bergauf. Diesmal versammelten sie sich nicht in einem Gasthaus, sondern auf einem Schulhof, weil der Saal zu klein gewesen wäre. Aus allen Richtungen kamen sie auf Schneeschuhen. Die Versammlung dauerte nicht lange, dafür etwas länger in einem Gasthaus. Vater bestellte für mich ein Glas Milch, Gott sei Dank keine Ziegenmilch, und als es nach Hause ging, schnallte er sich die Fahne auf den Rücken. Nur 20 Minuten dauerte die Fahrt, einige waren langsamer, weil sie immer wieder hinfielen. Mama Frieda schüttelte wieder stumm den Kopf, ich tröstete sie: Wir sind nicht ein einziges Mal gestürzt.

Beim Biertrinken, das hab ich längst erkannt, verstanden sich die Männer viel besser. Einmal, das war aber mit-

ten im kalten Winter, sagte Vater zu uns Buben: Wollen wir
heute nicht nach Halbmeil laufen? Wir schnallten die Bretter an und stiefelten los. Der Weg war länger als der Name
des Ortes. Und verweht war er, daß wir immer und immer
wieder im Schnee versanken. Das Dorf hatte nur vier Häuser und eine Gaststätte. War das schön warm darinnen. Ein
riesiger Ofen heizte schon den Flur und zwei andere Räume. Nicht mit kleingehackten Holzscheiten, sondern mit
meterlangen gespaltenen Stämmen. Als wir nach weiteren
Erkundungen in die Gaststube zurückkamen, sah ich Vater mit einem meiner Lehrer von der städtischen Bürgerschule, die ich ab der fünften Klasse besuchte, sitzen. Ich
sah gleich, daß sie »bolidisierten«. So als wenn sie zornig
wären. Mir war das gar nicht recht, denn dieser Lehrer war
immer so grantig und erschreckte uns Schüler mehr als der
Lehrer Wüst. Er schmiß zwar nicht mit Gegenständen,
schrieb aber wegen jeder Kleinigkeit Fünfen. Bloß nicht
sehen lassen, sagte ich mir und verkroch mich in der Ecke
des Ofens, indem ich die ganze Zeit den Diskutierenden
den Rücken zeigte. Das Bier hat die beiden wohl nicht be-
sänftigt, denn der Lehrer stand plötzlich auf, zahlte beim
Wirt und verschwand im Schneegestöber, das hereinbrach.
Da war es auch Zeit für uns, aufzubrechen. »Du hast vielleicht einen Lehrer«, sagte Vater nur. Mehr nicht. Wir mußten geduckt gegen den Wind angehen und kamen nur langsam vorwärts. Im Hochwald erst konnten wir atmen und
spurten dem schwereren Vater hinterher. Es wurde dunkel, als wir zu Hause ankamen, die Haustür war zur Hälfte
zugeweht. »Der Otto hat vielleicht einen Lehrer«, sagte Vater
zur Begründung der Verspätung, aber Mama Frieda hat uns
erst einmal beim Ausziehen geholfen und warm gerieben
und danach einen Kakao gekocht aus richtiger Kuhmilch.
Wir sind nach dem Essen auch bald schlafen gegangen.

Am Montag sah mich der Lehrer schon auf dem Flur seltsam an, so wie einer, der sich plötzlich an meinen Namen erinnert. Namen hat er oft vergessen. Angesprochen hat er mich nicht, aber sein Blick sagte: Du hast vielleicht einen Vater! Einige Tage lang war ich ganz vorbildlich, weil ich erkannte, daß Biertrinken nicht jeden friedlich stimmt. Trotzdem trank Vater abends sein Fläschchen und ließ mich heimlich, daß Mama es nicht sah, einen richtigen Schluck nehmen. Er sagte sogar, Bier sei ein gesundes Getränk, wenn man nicht zuviel davon einnimmt, aber nicht für uns Buben, nur für Erwachsene. Diese Lehre befolgte ich, bis ich schon männlich war, also ein Bürschchen. Nur schmeckte dann das Bier nicht mehr so gut. Es hieß Kriegsbier, war dünn und hatte wenig Schaum.

Bier wurde wahrscheinlich früher mehr getrunken, weil es billiger als Schnaps war. Vater sah ich nie Schnaps trinken, weil Bier auch gesünder ist. Es gab aber einen in unserem Ort, dem war auch das gute Bier zu dünn. Er trank Spiritus. Ich wunderte mich, wie er trotzdem nach Hause fand. Er sang dabei das schöne Lied »In der Roscha, in der Roscha, in der Roscha wuhnt mei Frah, a Holzbah, a Holzbah, a Holzbah hot se aa.« Den Rest des ansteigenden Weges legte er in einem Bach zurück, der nach einer Krümmung genau an seinem Häuschen vorbeiführte, wo ihn »sei Frah« schon in Empfang nahm. Da hörte er auf zu singen.

Der Hehmoh geht um

Die Erzgebirgler sind ein liebenswertes Völkchen: fleißig, gastfreundlich, gesellig und heimattreu. Das ist so etwas wie ein Quell, aus dem sie Kraft schöpfen. Als ich das erste Mal das Wort »Hutzenohmd« hörte, hatte ich keine Vorstellung, was darunter gemeint sein könnte. »Genga mir an weng hutzen«, bedeutete so viel wie schaun wir mal beim Nachbarn oder anderen Bekannten rein. Man setzt sich zusammen, um zu »dischkodiern« über Gott und die Welt und was halt die Leut so zusammenhält. Da wird geschwatzt über alles, über das, was im Dorf geschieht, über Dinge, die sich draußen ereignen. Wenn's schön gemütlich ist, wird »e Gsangl« gemacht. Und an der warmen »Ufenbank« erzählt man sich auch gern Gruselgeschichten. »Hutzen gieh« gehört zum Alltag, dazu bedarf es keiner besonderen Einladung.

Geschichten, wo es einem über den Rücken rieselt, hörte ich besonders gern. Ich erinnere mich, wie eines Tages die Frau vom Torfstecher-Emil abgehetzt in den Konsum kam und schrie: Der Hehmoh geht wieder um! Und wenn sie nicht schnell über das Ziegenbachl gesprungen wäre, hätte er sie vielleicht erwischt. Er habe sie schon am Kopftuch gezupft.

Der Hehmoh (Hehmann) muß nach ihrer Beschreibung so was wie ein Gnom mit kürbisgroßem Kopf und Buckel und einer furchtbaren Fratze sein. Mein Vater lachte und sagte, das sei alles Aberglaube, zwei Frauen meinten, den gibt es wirklich. Eine behauptete, daß er alle sieben Jahre in diese Gegend kommt.

Schon am nächsten Tage war diese Schreckensbotschaft im Dorf herum und Gesprächsstoff in den Hutzenstuben. Der Hehmoh soll es vor allem auf junge Weiber abgesehen haben und sie mit lautem »Heheee« vor sich hertreiben. Der Spiritussäufer erinnerte daran, daß er dem Hehmoh sein verkrüppeltes Bein zu verdanken habe. Eine dralle Magd erzählte, sie sei vom Hehmoh schon hinten angefaßt worden, große Pratzen habe er. Aber das glaubte ihr keiner. Das war sicher der Schwieger Schorschl aus der Sägemühle.

Zu den Unholden zählte man auch den bleichen Steiger, der im Mittelalter zwanzig Bergmänner eingeschlossen und bei einem Wassereinbruch ersaufen ließ, und nicht vergessen soll man auch den grauen Mönch aus dem Bettelkloster, der kleine Jungen stahl und übel zurichtete. Aber auch von einem edlen Wilddieb war die Rede. Der »Reh unn Härschn drschossen hot« und das Fleisch armen Familien schenkte. Solche Geschichten hörte ich mit brennenden Ohren.

Natürlich glaubten wir aufgeklärten Schüler kein Wort von diesen Spinnereien, im Gegenteil, wir verbreiteten aus Spaß neue Geschichten über den Hehmoh, erfanden Hehhexen, nur um die Verängstigten zu ärgern.

Wir hatten zum Beispiel an der Bürgerschule eine Lehrerin, die wegen ihrer Strenge unbeliebt war. Angezogen war sie wie ein Stadtmensch und gerochen hat sie auch danach. Sie gab uns so viel Schularbeiten auf, daß ich zu Hause manchmal bis in die späten Abendstunden sitzen mußte. Der neue Stoff hieß Algebra, wobei sogar mein schnellrechnender Vater nicht helfen konnte. Er sagte, was soll der Mumpitz mit X und Y, mit Haken und Klammern! Wie ein Rohrspatz schimpfte er. Einmal jagte er mich deswegen früh ins Bett, und ich soll der Lehrerin sagen, wenn sie nicht richtig rechnen kann, dann soll sie zu ihm kommen. So mußte ich darüber nachdenken, was ich dem studierten Fräulein wegen der unerfüllten Aufgaben verlügen könnte.

Da brachten mich die Gruselgeschichten vom Hehmoh auf eine Idee. Ich erzählte sie dem Hutschenreiter Wilhelm, der war gleich Feuer und Flamme und meinte, anfangen mußt du, die anderen steigen bestimmt mit ein. Ganz mutig fühlte ich mich noch nicht, wenn's schlecht ausgeht, werde ich vielleicht in die Volksschule zurückversetzt.

Wie immer kam am nächsten Tag die Lehrerin mit saurem Gesicht in die Klasse. Zuerst verlangte sie, die Hausaufgaben auf den Tisch zu legen. Sie geht meistens durch die Reihen und schaut sie kurz an. Doch bei mir blieb sie stehen und sagte: »Ich sehe nichts. Warum?«

»Ich konnte zu Hause nicht denken wegen dem Hehmoh.«

»Wegen was?!«

»Na, dem Hehmoh, der geht wieder um.«

Die Lehrerin schaute verblüfft wie jemand, der nichts versteht. Konnte sie auch nicht. Sie kam aus der Großstadt. Dort treibt sich der Hehmoh nicht rum. Die anderen Schüler hoben interessiert den Kopf. Das war ein gescheiteres Thema als die blöde Algebra. Ein Mädchen fragte die Lehrerin: »Davon haben Sie wohl noch nichts gehört?« Der Hutschenreiter Wilhelm ergänzte: »Der kommt alle sieben Jahre.«

Etwas verwirrt schien die Lehrerin. Doch welche Lehrerin gibt schon gern zu, nicht alles zu wissen. Verbindlich fragte sie mit strengem Ton zurück: »Dann erklärt mir einmal, was ihr vom Hehmoh wißt!«

Die Schüler setzten sich locker hin, was sonst nicht gern gesehen wird, und begannen:

»Den Hehmoh kennt bei uns jeder.«

»Er hat es besonders auf Frauen abgesehn.«

»Er ist ein Unhold.«

»Auch Lehrerinnen sind vor ihm nicht sicher.«

»Wegen dem Unhold hat sich eine sogar das Bein gebrochen.«

»Die Gendarmen können dagegen nichts machen. Der Pfarrer auch nicht.«

»Meine Großmutter betet deswegen öfter als sonst.«

»Er hat glühende Augen, denen möchte keiner begegnen.«

Hutschenreiter Wilhelm hatte das stärkste Argument: »Sogar einen Eisenbahnzug brachte er zur Entgleisung, gleich hinter dem Viadukt.«

Das war mal eine schöne Stunde. Die Lehrerin wollte den Rest noch nutzen und diktierte rasch einige Hausaufgaben. Mich hatte sie dabei ganz vergessen. Sie soll, wie sich rumsprach, auch im Lehrerzimmer gefragt haben: Wer ist Hehmoh? Ihre Kollegen haben so gelacht, daß man es in allen Fluren hörte.

Eine Weile war es still geworden um den Hehmoh. Eine andere Geschichte weckte Aufmerksamkeit, sie fand auf der Heimatseite der Zeitung eine kurze Notiz. Mehrere Einwohner berichteten darin, daß sich in den Wäldern des Erzgebirges eine Gestalt rumtreibt, die Schrecken und Angst unter den Bewohnern auslöst. Sie habe eine gespenstige Kapuze und ein weißes Tuch um und würde über Hecken und Wege springen, nach Meinung von Augenzeugen vier bis sechs Meter weit. Die Gendarmeriestationen erwarten Hinweise über Orte, wo das Gespenst spukt.

Dieser Nachricht mißtraute man selbst in den Hutzenstuben, man hielt sie für einen Scherz. Sie war nach vier Wochen vergessen. Doch was mir vielleicht niemand glauben wird – ich hab es gesehn, das Gespenst. Auf einem Kahlschlag oberhalb von Ziegenschacht sprang es wie ein Riesenvogel, bis es im Hochwald verschwand. Ich schwör es bei meinem Schwammerlsäckel, das ich bei mir hatte. So eine unheimlich schöne Erscheinung kann man doch nicht den Gendarmen verraten! Nur zu Hause erzählte ich davon, irgendwo muß man so ein Erlebnis doch los werden. Vater schlug mir vor Freude auf den Buckel. »Du liest zu viel Räuber- und Gruselgeschichten.« Sonst hätte ich ja auch darüber gelacht, aber wenn die Eltern ihren leibeigenen Kindern nicht glauben, das tut schon weh.

Zum Glück war wenige Tage später in einer Zeitung zu lesen, daß ein Mann festgenommen wurde, der seit langem als vermeintliches Gespenst gesucht wurde. Es handelte sich um den arbeitslosen Artisten Benno Dehmel, der eine Art Sprungschuhe konstruiert hatte. Er wurde dem Bezirksgericht übergeben und wegen groben Unfugs zu drei Monaten Gefängnis verurteilt. Nach Zeugenaussagen konnten ihm aber keine weiteren Straftaten nachgewiesen werden.

Die Nachricht wurde mit Erleichterung und großem Gelächter aufgenommen, doch ganz glaubwürdig schien sie manchen Leuten nicht. Sie sagten: Wenn das mal nicht der Hehmoh ist! In sieben Jahren kommt er vielleicht als Fliegerhauptmann zurück.

Mein Vater, der Ordnungshüter

Vater hatte einen ausgeprägten Ordnungssinn, worunter wir Kinder und auch Mama Frieda oft zu leiden hatten. Nicht an jedem Tag ließ er uns das spüren, das aber um so deutlicher, wenn ihm, wie man so sagt, eine Laus über die Leber gelaufen ist. Ich konnte als Kind nicht einschätzen, warum. Er sprach nicht darüber, man sah es ihm nur am Gesicht an. Er wurde einsilbig, und plötzlich brach es aus ihm aus. Er schaute zum Beispiel manchmal bei den Schularbeiten zu, entdeckte Geschmiere, knallte uns das Heft um die Ohren. Oder er konnte eingeknickte Ecken in Büchern nicht ausstehen, und wenn er in den Rechenaufgaben einen Fehler entdeckte, rastete er sogar aus. Rechnen war seine Stärke. Ganze Zahlenreihen konnte er im Kopf ausrechnen. Wenn er schon mal einen Koller bekam, überprüfte er auch unseren Rucksack, in dem wir unsere Schulutensilien beförderten. Alles war ihm nicht recht: ungespitzte Bleistifte, abgenagte Radiergummis, verdreckte Federn, von Speiseresten auf Heftumschlägen und Seiten ganz zu schweigen. Ritschratsch, riß er sie raus. Und als Strafe für solche Schlampereien ließ er seitenweise unordentliche Eintragungen neu schreiben. Für meinen Bruder Anton, Meister in Unordnung, wurde ich gleich mitbestraft, »damit ihr euch das merkt«. Seine Strafarbeiten hatten immer »Aufräumen!« zur Folge, sei es im Keller, in unseren Fächern oder im Hof. Er fand immer etwas.

Den Ordnungswahn bezog er auch auf sich. Als »Filial-leiter« der Konsumverkaufsstelle legte er zum Beispiel Wert auf blütenweiße knitterfrei gebügelte Arbeitskittel. Er hatte mehrere. Entsprach einer nicht seinem Anspruch und war es nur eine eingeplättete Falte, riß er den Kittel runter und warf ihn Mama Frieda vor die Füße. Sie mußte deshalb oft weinen. Was mußte die Frieda nicht alles tun. Jeden Abend den Laden bis in die letzte Ecke aufwischen, die Regale entstauben, selbst wenn kein Fünkchen Dreck zu sehen war. Wenn ich mich recht erinnere, war Saubermachen ihre Haupttätigkeit.

Vater kontrollierte alles. Wehe, etwas war nicht übersichtlich und nach seinem Ordnungsinn gerichtet. Eigenhändig schob er Töpfe, Tassen, Vasen und sonstige Gerätschaften zurecht, nach Größen geordnet. Waren unsere Schuhe abends nicht blitzblank im Flur aufgestellt, gab es einen Anpfiff. Über ungeputzte Schuhe wurde gar nicht mehr diskutiert, waren unsere Treter auch nur ein bißchen blind, warf er sie eigenhändig die Treppe runter. Wir wußten dann, was zu tun war. Zum Glück besaßen wir Knaben nur zwei Paar. Für den Sommer Turnschuhe aus festem Leinen, Bat'a-Schuhe, sie waren billiger als andere. Die zogen wir nur zur Schule an. Zur warmen Jahreszeit liefen wir gern barfuß. Aber die richtigen Lederschuhe, die den Fußknöchel mit einfaßten, wurden nur in den kalten Monaten getragen. Schuhcrem war zu teuer, Lederfett mußte genügen. Vater fuhr mit dem Finger darüber, um sich von der ordentlichen Schuhpflege täglich zu überzeugen.

Vater bezog zwei Zeitungen, den sozialdemokratischen »Volkswille«, den er bis zur letzten Zeile las, und monatlich etwa brachte ein Genosse die »Arbeiter-Illustrierte«. Er las sie nicht nur, sondern stapelte sie in einem Regal fein säuberlich gefaltet. Da durfte keine Ecke hervortreten. Mama

Frieda liebte Blumen. Davon fanden sich genügend an Bachrändern und den grünsaftigen Berghängen. Vater prüfte, ob sie auch immer Wasser bekamen. Zwei Bilder schmückten die Küchenwand, der alljährliche Konsumkalender und ein echtes Ölgemälde. Dieses Kunstwerk erwarb er von einem echten Kunstmaler und zeigte einen romantischen Teich mit Schwänen in einem schönen Park. Ich glaube nicht, daß Vater jemals eine Galerie besucht hatte. Da hätte er schon weit fahren müssen, wahrscheinlich bis Prag. Wie kam er zu diesem Gemälde?

Eines Tages klopfte ein komisch kostümierter Mann an unsere Haustür. Er hatte einen riesig breiten Hut auf, eine seltsame Schleife um den Hals und trug in den Händen ein Gestell und eine zerbeulte Tasche. Er wolle für uns ein Bild malen, alle Besucher würden uns beneiden, sagte er. Wer kann sich schon ein echtes Gemälde leisten. Vater nicht. Der Fremde ließ sich nicht abweisen, meinte, wenn Vater es nicht haben will, verkauft es an einen anderen. Malen war eine meiner Lieblingsbeschäftigungen, deshalb überredete ich Vater: Zugucken kostet ja nichts.

In Minutenschnelle packte der Kunstmaler seine Werkzeuge aus, darunter einen Rahmen, der mit Leinwand bespannt war. Er nahm ein Brettchen in die Hand, auf welchen verschiedene Farbkleckse zu sehen waren, aus einem schmierigen Lappen kamen Pinsel, Fläschchen, Dosen und Tuben zum Vorschein. Und nun geschah Erstaunliches, daß mir die Augen rausquollen. Ohne mit einem Bleistift vorzuzeichnen, entstand unter der Hand des Meisters die genannte Parklandschaft mit Schwänen in wunderbaren Farben. Er trat ein paarmal weg und dann wieder ran ans Bild, tupfte da und dort noch rum, pinselte eine Flüssigkeit darüber – fertig war das Werk. In nur höchsten einer halben Stunde. Vater konnte es kaum fassen. Er fragte nach dem

Preis. Zehn Kronen sagte der Künstler. Sie einigten sich auf fünf Kronen. Seitdem zierte das Gemälde unsere Küche.

Später sah ich das gleiche Bild beim Schneidermeister Konitschek, nur ließ sich der einen Kahn dazu malen. Dafür mußte er 10 Kronen bezahlen.

Man kann nicht sagen, daß unser Gott Vater nur die zwei Zeitungen las, auch richtige dicke Romane. Die von Ludwig Ganghofer zum Beispiel. Oder lustige Geschichten von Ludwig Thoma. Er konnte sich krank lachen über den bayrischen Humor. Einmal gab er mir die »Lausbubengeschichten«, »aber mach mir ja keinen Fleck rein!«. Sie gefielen mir so gut, daß Vater die Ausleihgebühr dreimal bezahlen mußte, weil ich das Buch dreimal gelesen habe. Die Dichter aus den Alpenländern mochte Vater besonders gern und – darüber wunderte ich mich – auch Kriegsromane. Über den Krieg, in den als erst 17jähriger ziehen mußte, hat er kaum gesprochen, beim Lesen der Schlachten redete er vor sich hin: »Ja, so war es.« Er muß auch einmal verwundet worden sein, aber nackte Stellen zeigte er nicht, noch dazu so dicht an seinem ... na, wo schon? Als Andenken an den großen Krieg hatte er noch ein Holzköfferchen. Das stand unterm Bett und war immer verschlossen. Nicht einmal verschieben durfte man es. Ich hätte zu gern gewußt, was Vater darin aufbewahrte. Erst ein paar Jahre später als wir ins Preußische umzogen, überraschte ich Vater. Ich stand hinter ihm und fragte: »Ist das ein Orden?« Jetzt konnte er nicht mehr ausweichen. »Ja«, sagte er, »eine Tapferkeitsmedaille.« Ich fragte nicht wofür, aber einen Satz sagte er doch dazu: »Das war an der Isonzo-Schlacht in Italien, da wurden wir jämmerlich verdroschen.« Aus, Schluß, vorbei, vom Krieg wollte er nichts mehr wissen.

Aber die Freude an Ordnung ist ihm geblieben, in vielen Kleinigkeiten. Beim Pilzsuchen zwang er uns, genau

Blick aus unserer Petschauer Wohnung. Der ovale Teich diente zum Schiffchen fahren, Weitspucken und gelegentlich der Feuerwehr als Löschwasserbassin. Bruder Anton rettete »unter Lebensgefahr« ein junges Kätzchen vorm Ertrinken.

Petschau, mein erster Schulort, gehört zu den malerischsten Städtchen, die ich kenne. Eingebettet in Bergen mit Burg und Schloß auf hohem Fels, mit winkeligen Gäßchen und Barockrathaus, mit Denkmälern und stillen Weihern ringsum, mit dem Flüßchen Tepl und einer Eisenbahn, die sich über viele Brücken und durch Tunnel schlängelt. Zu jeder Jahreszeit märchenhaft. Am besten gefielen mir die Spaziergänge mit unseren Lehrern und mit Vater, der einen ausgesprochenen Wandertrieb hatte.

Der Bahnhof von Bečov nad Teplou an der Bäderstrecke Karlsbad – Marienbad (Karlovy Vary – Mariánské Lázně).

hinzusehen, wie man mit Pilzen umgeht. An jeder Fundstelle achtete er darauf, daß ihm keiner zu nahe kam. Dann grub er den Pilz mit spitzen Fingern so weit aus, daß er ihn oberhalb der Wurzel abschneiden konnte. Dann kratzte er den Stiel sauber, bis er weiß leuchtete, dann wische er mit einem feuchten Lappen, der zu seiner Pilzausrüstung gehörte, die Kappe blank, dann stopfte er die Pilzreste in die ausgegrabene Vertiefung und drückte sie fest, damit niemand sehen konnte: Hier hat ein Pilz gestanden. Zu Hause legte er sie der Größe nach auf den Tisch, teilte sie ein in solche, die gleich gegessen werden und solche, die zum Trocknen vorgesehen sind. Diese wurden nun in zwei Millimeter dicke Scheiben geschnitten. Fielen sie dicker aus, platzte Vater. Und nun mußten wir aufpassen, daß die Schnittpilze auch schön verlegt wurden, dicht und platzsparend, daß es aussah wie ein Schmuckornament. Das war schon eine Schinderei. Überall lagen nach jedem Pilzgang Bretter zum Trocknen aus. Überall roch es nach Pilzen, im Flur, auf der Treppe, in beiden Stuben, selbst unsere Hemden und Hosen rochen pilzig. Vater war stolz auf den im halben Erzgebirge ihm verliehenen Titel »Pilzkönig«, obwohl er mit Herrschern nichts im Sinn hatte.

Der Ordnungsmensch Lois Haiser mußte einmal in der Woche zur Post gehen. Dazu zog er einen schneeweißen Kittel an, setzte seine Sonntagsmütze auf, nie seinen Pilzhut. Mama Frieda ließ ihn nicht aus der Tür, bevor sie Vater abgebürstet hat. Sonst besaß er noch einen Sonntagsanzug, den er zu Weihnachten, Leichen- und Hochzeitsfeiern anzog.

Und in allem sollten wir uns an Vater ein Beispiel nehmen. Auch wenn wir trockene Äste und Reisig aus dem Wald holten. Beides mußte etwas 25 Zentimeter klein gehackt und akkurat im Schuppen gestapelt werden. Feste Holz-scheite wurden bis zu einem zweieinhalb Meter hohen Kuppelturm geschichtet. Das war ein Denkmal für alle Erzgebirgler, ein Zeichen für Fleiß und Ordnung. Vater ließ sich einmal von einem Städter fotografieren. Er mußte sich vor die runde Pyramide stellen und in der rechten Hand eine Axt halten. Am liebsten hätte er sich dazu einen frisch-gebügelten weißen Kittel angezogen, aber der Fotograf meinte, das paßt nicht zu dem Kunstwerk.

Geheimnisvoller Schatz

Auf uns Kinder übten alte Schächte, Ruinen, Keller und Dachböden schon immer einen abenteuerlichen Drang aus. Die Annahme, daß irgendwo unentdeckte Schätze liegen könnten, versetzte uns in fieberhafte Spannung. In der Schule wurden wir zwar gewarnt, um Gottes willen nicht alte Schächte zu betreten. Die Stollen könnten einfallen, morsches Gebälk uns erschlagen, Wasserlöcher uns in die Tiefe hinabziehen, noch schlimmer, wir könnten uns in den Gängen verirren und elendig verhungern. Jeder Erwachsene malte uns einen schrecklichen Tod voraus.

Dennoch konnten uns diese Ermahnungen von den Streifzügen durch die Berge nicht abhalten. Natürlich fanden wir hin und wieder einen Eingang in den Berg. Entweder war er zugemauert oder von Geröll verschüttet, dann wußten wir, daß unsere Kräfte nicht ausreichten, ihn wieder zu öffnen. Außerdem wurden seit mehr als hundert Jahren keine Erze im Erzgebirge mehr gefördert. Fanden wir aber auf alten Halden oder in steinigen Bächen etwas, das wir für echtes Silber hielten, waren wir nicht mehr zu halten, auch wenn sich das glitzernde Gestein als Glimmer erwies.

So kam es, daß wir eines Tages am Rande der Bahngleise, die sich ins Gebirge hinauf schlängelten, eine Stelle entdeckten, die einem Eingang in den Berg sehr ähnlich sah.

Hinter einem Felsvorsprung fanden wir einen Erdspalt, durch den bequem ein Fuchs oder Tiger kriechen konnte. Vor Tiger fürchteten wir uns nicht. Die sind längst nach Afrika oder in andere wärmere Gegenden gezogen. Von Füchsen war uns bekannt, daß sie unter der Erde Schutz im kalten Winter suchten. Wir stocherten ein bißchen mit dürren Ästen um den Spalt herum, da sackte plötzlich die Erde ein wie ein Trichter. Mannomann, da ist doch etwas! »Wir brauchen eine Schaufel«, sagte der Kreisl Erich. Also zogen wir uns zurück ins Dorf, um eine Schaufel zu holen. Erich hatte eine.

Der Trichter wurde größer und größer, Merkelgestein rutschte nach, bis wir auf Widerstand stießen. Wir gruben weiter. Und was entdeckten wir? Eine Holzwand. Sie wurde vor unseren Augen größer und größer, fast wie eine Tür so breit. Nun wußten wir, daß sich die Mühe gelohnt hat. Wir versprachen uns gegenseitig, niemandem dieses Geheimnis zu verraten.

Wir brauchten mehr Werkzeuge, wenigstens eine Brechstange, fanden aber nur eine dreizinkige Mistgabel hinter Kreisls Ziegenstall. Besser als nichts. Unterwegs zur Fundstätte begegneten wir dem Lindner Berthold. Der Berthold ist ein erfahrener Kraxler und unser Freund. »Was wollt ihr denn mit der Mistgabel?« fragte er. »Wir sind auf der Suche nach einem Schatz«, und wir verrieten ihm unsere Entdeckung. Berthold sagte: »Dann brauchen wir auch eine Brechstange und Spitzhacke.« Er lief gleich nach Hause, kam aber nur mit einem Eisenrohr zurück, mit dem sein Vater das Scheißhäusl stützte, das an der Wand ihres Hauses übern Misthaufen hing. Früher war das so, da wurde jeder Klacks gesammelt.

Plötzlich gesellte sich auch mein Bruder Anton zu uns. »Hau ab!« sagte ich zu ihm, »du bist noch zu klein für schwere Arbeit.« Aber der läßt sich so schnell nicht abhängen, er folgte uns mit Abstand und duckte sich, wenn wir zurückschauten.

Mit Bertholds Kraft, seine Arme sind länger als unsere und Muskeln hatte er auch schon, schaufelten wir den Eingang frei. Er bestand aus alten Brettern, an dicke Pfosten genagelt. Mit Schaufel und Mistgabel zersplitterte der starke Berthold eines der Bretter und löste die anderen mit der Eisenstange. Ein Höhleneingang lag vor uns. Huch, war das kalt darinnen. »Jetzt brauchen wir noch ein Licht«, sagte mein Bruder Anton, der uns schon eine ganze Weile zugeschaut hat. »Dann lauf nach Hause und hol uns eine Kerze, vergiß die Streichhölzer nicht«, befahl ich ihm. Anton lief mit seinen kurzen Dackelbeinchen so schnell er konnte. Wir ruhten uns derweil aus und legten uns in die Sonne am Bahndamm, dachten, was mögen wir wohl im Berg finden, vielleicht Schätze oder Gerippe von Toten? Berthold erzählte, er habe in so einem Stollen schon mal ein Gerippe gefunden, lang wie ein Hund, nur der Kopf fehlte. Anton hätte gleich ein Seil mitbringen sollen.

Als Anton, keuchend wie eine Lokomotive ankam, pulte er sogar zwei Kerzen aus seiner Hosentasche. »Hat dich Mama Frieda nicht gefragt, was du damit willst?« »Nee«, sagte er, »die Kerzen hab ich aus der Schublade genommen, wo die Weihnachtsbaumkugeln liegen. Hat ja keiner gesehen.« Der Anton ist gar nicht so dumm, lobte ihn der Erich.

Nachdem wir einige Meter in den Stollen hineingegangen sind, meinte der Berthold: »Ohne Seil kommen wir nicht weiter. Am besten wir treffen uns morgen wieder, und jeder bringt ein Seil mit oder wenigsten einen Strick.«

Ich konnte abends gar nicht einschlafen, dachte an geheimnisvolle Schätze und wie wir sie bergen könnten, ohne gesehen zu werden. Zum Glück hatten wir noch Ferien.

Anton konnte ich am nächsten Tag nicht abschütteln, er wußte schon zu viel. Er mußte mir schwören, daß er nichts verrät. Kaum waren wir auf dem Weg, begegneten wir dem Paatsch Leo. »Was wollt ihr denn mit dem Strick?« fragte er. »Hasen fangen«, sagte Anton.

»Wißt ihr auch, wie man eine Schlinge macht?«

»Wissen wir. Mein Vater hat damit sogar einen Rehbock gefangen.«

Aber Leo folgte uns wie ein Schatten. Ich wollte ihn nicht wegjagen, weil ich mit ihm oft Forellen fange. Leo sah mit einem Blick, was noch fehlt: »Kerzen sind zu schwach, eine Karbidlampe gibt mehr Licht.«

»Hast du eine?« Leo nickte. »Dann hol sie!«

Wir warteten nur noch auf Erich. Endlich tauchte er auf, mit einer Ziege am Strick. »Was sollen wir denn mit der Ziege?« fragte Berthold. »Früher hatten die Bergleute Pferde!«

»Meine Mutter wollte, daß ich zu Hause bleibe. Ich sagte, daß ich die Ida (so heißt seine Ziege) auf eine schöne Wiese führe. Sie freut sich auch, wenn sie mal was anderes zum Fressen bekommt.« Die Mutter sah das ein, und wir auch. Erich band seine Ziege an einen Vogelbeerbaum unterhalb des Bahndammes.

Als wir alle beisammen waren, die Stricke geknotet hatten, der Leo die strahlendhelle Lampe entzündete, begann die Expedition in den Berg. Der Berthold vorneweg, wir anderen hielten uns am Seil fest wie die sieben Schwaben an ihren Speer. Nach wenigen Schritten befanden wir uns in einer breiten Höhle. WAS WIR JETZT SAHEN, BLENDETE UNS: Einen Schatz, den wir nicht erwartet hatten: eine große Kiste voller rostiger Schrauben, eine Schwenklaterne, verschiedene Eisenstücke, einen Eimer mit festem Teer und sogar Möbel, nämlich eine Bank und einen Tisch, auf dem noch ein Blechnapf mit einem verbogenen Löffel lag. Alles war zwar voller Dreck, Käfer krabbelten darin, und dumpf gerochen hat es auch. Wir brauchten eine Weile, um uns satt zu schauen. Als erster fragte Anton in die Stille der Höhle: »Ob hier der höchste Bergmann wohnte?«

»Der höchste Bergmann heißt Obersteiger«, belehrte ich meinen Bruder. Aber Berthold, der sich in allen Schächten auskannte, sprach wissend: »Ich glaube, hier haben sich die Arbeiter beim Bahnbau untergestellt, wenn es draußen stark regnete.« Das leuchtete uns ein, auch ohne die helle Karbidlampe. Wir verließen, wenn auch etwas enttäuscht, die Höhle, voran der Berthold, ihm folgte Leo mit der Lampe, ich mit der Mistgabel, Anton mit den Stricken und zum Schluß Erich mit der Ziege, die zu faul war, mit uns Schritt zu halten. »Du hast deine Scheißhäuslstütze vergessen«, sagte ich am Dorfrand zum Berthold. Der winkte ab: »Hat so lange gehalten, das Häusl, wird nicht gleich runterfallen.«

Wenn Mutter Frieda zu Hause nicht so geschimpft hätte, weil mein Bruder und ich wie Dreckschweine ausgesehen haben, hätten wir unser Abenteuer erzählt. Aber wir brachten ihr nicht einmal ein Andenken mit, keine goldene Krone, keine silberne Spange, kein glitzerndes Diadem für ihren schönen Kopf. Über verrostete Schrauben hätte sie sich vielleicht nicht so gefreut. Als sich Vater abends an den Tisch setzte, waren wir schon wieder gewaschen, gekämmt und frisch gebügelt, wie brave Kinder halt sein müssen.

Anton, der Rumtreiber

Mein Bruder Anton hat meinen Eltern mehr Kummer bereitet als ich. Schon als Schuljunge fiel auf, daß er einen eigenen Kopf hatte, wie Mutter Frieda es nannte. Er war widerborstig, mußte immer das letzte Wort haben, und wenn er wegen seiner Eigenwilligkeit zur Rede gestellt wurde, war er bockig wie Kreisl Erichs Ziege. Kein Wort war aus ihm herauszubringen. Er fühlte sich auch immer benachteiligt. Angeblich bekam ich immer ein größeres Stück Fleisch oder Wurst als er, mußte er Sachen, die mir zu klein wurden, anziehen, und bei verschiedenen Tätigkeiten fühlte er sich überfordert. »Otto hat weniger zu tun als ich. Otto bekommt immer die leichteren Arbeiten. Otto darf raus, ich muß zu Hause bleiben. Otto darf alles, ich nichts.« Das stimmte zwar nicht, aber er fühlte das so. Nie gab er zu, daß er sich lieber drückte, wenn es hieß, ihr kommt nicht früher aus dem Haus, bevor ihr eure Arbeit erledigt habt, egal ob es sich um die Schulaufgaben oder die täglichen Verpflichtungen wie Ordnung und Sauberkeit handelte. Er fürchtete Vaters Strenge weniger als ich. Vater war manchmal jähzornig und ließ bei frechen Antworten auch mal die Hand ausrutschen. Mutter stellte sich dann immer schützend vor Anton. Mein Bruder rächte sich an mir und holte gegen mich die Hand aus. Bei jedem Streit fielen wir uns in die Haare.

Aber er petzte nie, das war die schöne Seite an Anton.

Er verriet mich auch nicht, als ich einmal im Schlachthaus bei Metzker Hackl, bei dem wir Jungen Wurstsuppe rühren durften, eine Leberwurst klaute. Das merkte der Hackl gar nicht. Aber mein Bruder sah es. »Du darfst Wurstsuppe rühren, ich nur Blut, das ist ungerecht.« So gab ich ihm die Hälfte ab und keiner hat etwas von dem Diebstahl erfahren. In manchem waren wir uns eben auch einig.

Anton war ein Rumtreiber. Nie sagte er, wohin er geht, selten war er pünktlich zu Hause, auch wenn er wußte, daß er deshalb einen Tag lang in der Wohnung bleiben mußte. Doch einmal hatte er uns in Angst versetzt. Wir saßen schon beim Abendbrot, nur Anton fehlte. Wo mag er sein? Vielleicht ist ihm etwas passiert. Diese Sorge machte sich Vater nicht. Der kommt schon, wenn er Hunger hat.

Es war längst Zeit ins Bett zu gehen. Mama Frieda wartete und war schon ganz nervös. »Vielleicht ist ihm doch was passiert. So lange war er noch nie weg.« Dem passiert nichts, beruhigte ich sie.

Vater machte es sich gemütlich und holte das Buch, in dem er seit Tagen las. Aber nach einigen Seiten schlug er es zu und sagte: »Jetzt reichts aber. Laß den nach Hause kommen, heut setzt es was!« Ich glaubte das auch, trotzdem: von Anton keine Spur.

Wir könnten ja einmal zu Janosch und anderen gehen, wo er sich in letzter Zeit öfter aufhält, gab ich zu überlegen. »Ich weiß schon, wo wir ihn finden könnten:« »Du bleibst hier«, sagte die Mutter, ich geh'.« Das war Vater auch nicht recht. »Wir können das Haus nicht abschließen. Wenn er nicht reinkommt, reißt er wieder aus!« Er zog sich an, winkte mir. Da schlüpfte ich auch in die Hose. »Zusammen werden wir ihn schon finden!« Hoffentlich, sagte Mama, ich werde inzwischen die Wäsche einweichen.

Janosch mußte aus dem Bett getrommelt werden. Sein Vater sagte, »Anton nix hier«, und Janosch meinte, vielleicht ist er noch am Bahnhof, da kam heute ein Waggon mit Papier, kein neues, altes, bedrucktes, das zur Papiermühle gefahren wird. Anton wühlte darin und suchte sich die schönsten Bogen aus. Vielleicht ist er dort eingeschlafen.

Möglich ist bei meinem Bruder alles. Der Waggon stand noch auf dem Abstellgleis, doch von Anton nichts zu sehen. Wir riefen seinen Namen, bis der Eisenbahner raus kam und fragte, was los sei. Nein, er hat niemand gesehen. Er hat nachmittags ein paar Jungen vertrieben, die auf den Waggon kletterten. Das ist verboten. Bei Kreisl Erich war er nicht, beim Hahn Ernstl war alles dunkel, die gehen früh schlafen, und beim Paatsch Leo bellte nicht mal der Hund. Der lag in der Hütte, da hätte auch Anton keinen Platz gefunden. Mama saß in der Küche und hat die Hände in den Schoß gelegt. Sie habe schon im Keller, im Holzschuppen und überall nachgeschaut. Anton ist weg.

Vater bekam eine Erleuchtung und sprach: »Vielleicht ist er bei der Marie, (sie hilft manchmal im Konsum aus, besonders vor großen Feiertagen), die hat schon manchmal zu Anton gesagt, besuch uns mal, ich habe drei Brüder, der jüngste ist so alt wie du.«

Das war ein Hoffnungsschimmer. Aber Marie wohnt weit aus dem Dorf in einem einsamen Häuschen. Also machten sich Mama und Vater auf die Socken. Ich holte mein Malzeug hervor, zeichnete einen Baum mit breiten Ästen und auf einen der Äste Anton. Der war aber nicht zu sehen, es sollte ein Fixierbild sein mit einem versteckten Bruder. War mir ganz gut gelungen. Vor Bewunderung schlief ich ein. Ich weiß nicht, wie lange schon, meine Eltern kamen zurück und weckten mich.

»Nichts«, sagten sie, nun schon traurig. »Vielleicht müssen wir doch zur Polizei gehen«, sagte Mutter. »Jetzt, mitten in der Nacht? Die schlafen doch schon.« Da gingen wir auch, ich zu erst, weil sich die Eltern nur im dunklen Schlafzimmer ausziehen. Ich konnte es mir im breiten Bett bequem machen, weil Anton nicht da war.

Da hörte ich etwas wie einen Schnarcher und eine Bewegung, stand auf und knipste das Licht an. Was war denn das? Da sah ich unterm Bett einen nackten Fuß. Da ist ... ich konnte es nicht glauben, öffnet die Küchentür und flüsterte: »Kommt mal mit, aber leise.« Die Eltern schauten, sahen den Anton tief schlafen, freuten sich, Mama murmelte, er hätte sich doch wenigstens eine Decke oder ein Kissen runterlegen können.

Vater zog ihn langsam hervor, nahm ihn in den Arm und legte ihn vorsichtig ins Bett. Ich legte mich daneben, auch ganz vorsichtig.

Am Morgen sagte Vater nur: »Du jagst uns einen Schrecken ein!« Mehr nicht. Und Anton verriet mir, daß er nach Hause kam, als Mama die Wäsche einweichte. Er wollte nicht, daß Vater wieder die Hand ausrutschte, deshalb legte er sich unters Bett.

Keiner fragte, wo er sich wieder rumgetrieben hat. War vielleicht besser so, wer weiß, was für eine Ausrede sich Anton wieder ausgedacht hätte.

Höllenfahrt mit der Draisine

Es gab noch einen Ort unserer Neugier – ein stillgelegtes Eisenwerk. Der hohe Schornstein rauchte schon lange nicht mehr, ein Teil der blinden Fenster war zerschlagen, das große Werktor geschlossen und auf der drei Meter hohen hölzernen Brücke, über die Wasser aus den Bergen zugeleitet wurde, spielten wir Kinder. Die Planken waren schon morsch, sie hätten gar kein Wasser mehr halten können. Auch ein Gleis führte vom Bahnhof zum Werk, was davon zeugt, daß dereinst die Fabrik mit der weiten Welt verbunden war. Jetzt waren wahrscheinlich die Hallen leer.

Doch eines Tages stand das Einlaßtor offen. Eine Draisine kam heraus, auf der Plattform des Schienenfahrzeugs saßen drei Männer, einer lenkte, die beiden anderen nahmen auf zwei großen Kisten Platz. Es war kein Motor zu hören, kein Schornstein zu sehen, aus dem wie bei einer Lokomotive Dampf ausgestoßen wurde. Nur der Mann vorne bewegte einen Hebel hin und her. Das war schon seltsam, aber die Räder rollten.

Wir drei Jungen, der Erich, der Hansl und ich, liefen zum Bahnhof, sahen, wie die Kisten im großen Schuppen abgestellt wurden. Als sie zurück ins Werk fahren wollten, baten wir sie, uns mitzunehmen. Wir sind aus dem Dorf. Vielleicht hatten sie selbst Kinder und Verständnis für unseren Wunsch. »Setzt euch rauf, aber nicht rumhampeln!« Es war eine herrliche Reise, nur viel zu kurz. Vor dem Tor mußten wir absteigen, die Draisine fuhr ins Werk, das Tor wurde geschlossen.

Ein paar Tage später wurde es wieder geöffnet. Nur ein Mann saß auf der Draisine. Wir konnten sie nicht mehr einholen, sie fuhr wie zuvor zum Bahnhof und wieder zurück. Der Fahrzeugführer beachtete uns nicht, er war jünger als die anderen. Er ging durch das Tor, ließ aber draußen die Draisine stehen. Wir warteten, er kam nicht. Da schoben wir das Fahrzeug an und stellten fest, es bewegte sich. Wir kletterten rauf. Wie von Geisterhand gezogen rollte der Wagen. Rollte immer schneller. Wir versuchten, den Hebel festzuhalten, aber unsere Kräfte reichten nicht aus. Wir sahen schon die Brücke über den Schwarzwasserbach auf uns zukommen, in letzter Sekunde sprangen wir ab und kullerten in den Sand. Wir hörten noch die Eisenräder dumpf über die Brücke poltern und nach kurzer Zeit einen fürchterlichen Krach auf dem Bahnhof.

Nur schnell weg, wir rannten den Bach entlang und kletterten weit vom Werk entfernt auf das Gerüst der toten Wasserleitung. Von dort aus konnten wir sehen, was weiter geschah. Ein Eisenbahner lief brüllend über die Brücke, der Mann trat aus dem Werktor, brüllte auch. Beide rannten sie auf einander zu, fuchtelten mit den Armen und liefen, so schnell sie konnten, zum Bahnhof zurück.

Ein schlechtes Gewissen beschlich uns, wir waren aber auch neugierig, was mit der Draisine passiert ist. Wir schlugen uns in die Büsche, überquerten den Damm der Hauptbahn, rannten an den Waldrand, der höher als der Bahnhof lag. Von dort aus konnten wir den Schuppen sehen, auch die Draisine, die am Rande des Bahnhofs einen Prellbock gerammt hatte. Sie war wohl dort entgleist, deshalb hatte es so gescheppert. Die Männer hoben gerade das Fahrzeug wieder auf die Schienen, es mußte sehr schwer sein, setzten sich zum Ausruhen auf die Plattform und rauchten erst einmal. Aber ganz friedlich waren sie wohl noch nicht gestimmt, sie schrien sich noch böse Worte zu, die wir nicht verstanden. Vielleicht hat jeder von ihnen dem anderen die Schuld zugerufen, jedenfalls sah es so aus.

Wir sahen dann noch, wie die Draisine langsam aus dem Bahnhof rollte, hörten das Poltern auf der Brücke, stellten mit Erleichterung fest, wie das Fahrzeug im Werk verschwand, das Tor geschlossen wurde. Es war von diesem Tag an für uns für alle Zeit geschlossen.

Unseren Eltern erzählten wir kein Wort, das Erlebnis hat uns gereicht. Einmal kam sogar der Bahnhofsvorsteher in den Konsum und sagte, als er mich sah: »Na du ...!« Wenn ich nur gewußt hätte, wie der das gemeint hat. Aber es kam nichts danach. Wahrscheinlich hat er mir den dummen Streich nicht zugetraut

Das Kreuz hielt ihn fest

Mein Vater erzählte gern Schauergeschichten, wenn die Nächte lang und länger wurden und beobachtete dabei die Wirkung auf seine Zuhörer. Er hatte seinen Spaß daran, wenn man ihm mit aufgerissenen Augen folgte und die Erregung nicht verheimlichen konnte. Es kam vor, daß die eine oder der andere aufstand und sagte, erzähl nicht weiter, ich muß schnell mal ... und nach vollzogener Erleichterung drängte: Und wie ging's weiter? Da verhielten sich Erwachsene nicht anders als die Kinder: Spannung drückt auf die Blase.

Doch in den meisten Fällen endeten seine Erzählungen, die er oft als eigenes Erlebnis ausgab, mit einem überraschend witzigen Schluß, der die Glaubwürdigkeit des Geschilderten in Frage stellte. Anders ausgedrückt: Vater hat seinen Zuhörern etwas vorgesponnen.

Vielleicht hatte er die Gabe von seiner Mutter, die zehn Meilen hinterm Bergrücken wohnte, weder lesen noch schreiben, aber reden konnte wie eine weise Frau. Aus Karten, Kaffeesatz, Naturerscheinungen konnte sie Vergangenes und Zukünftiges deuten, Tier und Mensch mit Kräutern und seltsamen Sud und Dämpfen heilen und mit Sprüchen, die kaum jemand verstand, aber beschwörend wie eine Zauberformel vorgetragen wurden. Die »weise Frau« mit den hellen, runden Augen und dem beim Zelebrieren ihrer Weissagungen oft abgewandten Blick wurde ebenso oft zur Hilfe gerufen wie vom Hause verbannt. Böse Zungen nannten sie eine Hexe. Das Häusl, in dem sie wohnte, stand einsam am Rande eines Friedhofes. Krähte nicht jeden Morgen ein Hahn und gackerten nicht die Hühner im Schuppen, sähe man nicht die Ziege am Strick und den Kräutergarten am Haus oder die steile Rauchfahne aus dem Schornstein an frosterstarrten Tagen zum Himmel steigen, konnte man meinen, da lebt kein Mensch mehr. Vater sprach selten von der Großmutter, warum, habe ich nie erfahren, aber von ihren »Künsten« mußte er manches von der großgewachsenen, elend dürren Frau abgeluchst haben, nicht nur die Kunst des Erzählens, auch das Spiel mit den Karten und deren geheimnisvolle Deutung, womit auch er manchen langen Winterabend in den Hutzenstuben ausfüllte. Das Erzählen und das Spielen waren ihm auf den Leib geschrieben.

Orte seiner Geschichten waren oft Friedhöfe und die Moore. Ich erinnere mich an die unheimliche Begebenheit auf einem der Bergfriedhöfe, in deren Mitte ein hohes, hölzernes Kreuz stand. Es ging im Volksmund die Sage um, daß der, der das Kreuz entweiht, vom Kreuz festgehalten wird und nicht mehr lebend von ihm loskommt. Die starken Burschen, die weder Tod noch Teufel fürchteten, witzelten darüber: Wo gibt es so was? Ein Kreuz hat keine Hände, wie soll es dich festhalten, he! Das war zu viel des Frevels, selbst der Schankwirt verbat sich solche Reden, wenn den jungen Knechten und Holzfällern der Mut über den Bierkrug hinauswuchs.

Und doch, so erzählte Vater in einer seiner Schauerstunden, als wäre er dabeigewesen, endete die Mutprobe eines allzu waghalsigen Holzfällers unerwartet tragisch. Ein kräftiger Bursche prahlte in der Schenke, er würde auch in tiefster Nacht auf den Friedhof gehen und mit einem Mes-

Breitenbach: »O de Grenz zu Sochsen, wu de Schworzbeern wachsen ...« heißt es in einem Lied. Darin wird auch die »Dreckschänke«
erwähnt, die bekannteste und wohl auch teuerste Gaststätte des
Erzgebirges.

$\frac{48}{70}$

Karel Šimon

ser seinen Namen ins Kreuz einkerben. Das war aber seinen Saufkumpanen zu wenig, viel mutiger wäre es, einen fünfzölligen Nagel ins Kreuz zu schlagen, meinten sie. Das könne man hören.

Sie schlossen eine Wette ab, und wenn der Angeber gewinne, gäbe es einen Grund mehr, fröhlich zu feiern. Sie drückten ihm Hammer und Nagel in die Hand, das Abenteuer könne beginnen.

Die Nacht war dunkel und stürmisch. Regen peitschte die Straße menschenleer, und in den hohen Fichten am Rande des Friedhofs heulte der Wind, schaurig klagend wie ein Rudel hungriger Wölfe. Doch die waren nicht zu fürchten, es gab keine mehr, der letzte, der erlegt wurde, hatte sich vor einem Jahr aus dem tiefen Böhmerwald hierher verirrt.

Die mutigen Männer zogen ihren Schlapphut über den Kopf und die Hälse in den Kragen ihres Wettermantels. Gebückt, dem Sturm trotzend, kamen sie bis zur Friedhofsmauer. Weiter nicht, den letzten Teil des gefährlichen Weges mußte Toni schon allein gehen. Eine Weile noch sahen sie sein flackerndes Windlicht zwischen den Gräbern, bis wuchtige Hammerschläge erdröhnten. Geschafft. Nur einer glaubte, einen leisen Schrei vernommen zu haben. Oder war es der Laut eines aufgescheuchten Nachtvogels?

Die Begleiter des mutigen Kumpels lauschten, warteten. Gleich würde er über die Mauer steigen. He, würde er rufen, ihr Angsthasen, habt ihr schon das Weite gesucht?! Doch außer dem Wind war nichts zu hören. Toni kam nicht. Er konnte nicht. Das Kreuz hat ihn festgehalten.

Mein Vater genoß die atemlose Stille seiner Zuhörer, bis jemand sagte: »Das hast du dir doch wieder selbst ausgedacht, Lois!« Die Gesichter entspannten sich. Niemand nahm Vater ernst. Tage später fand ich beim Durchblättern alter illustrierter Hefte eine Notiz mit der Überschrift: »Das Kreuz hielt ihn fest«, dazu eine Zeichnung vom Friedhofsmal, an dessen Balken ein Toter hing. Der Mann, so hieß es in der Beschreibung, mußte bei seiner frevelhaften Mutprobe den Rand seines linken Mantelärmels mit angenagelt haben. Wahrscheinlich wollte er sich vom Kreuz rasch entfernen, wobei er einen Herzschlag erlitt. Der Schreck hat ihn gerichtet.

Der Tote im Moor

Als Schuljunge mußte ich täglich fünf Kilometer bis zur städtischen Bürgerschule zurücklegen. Ich kannte mich schon gut in diesem Teil des Gebirges aus. Der Weg, mal breit in gelichteten Kahlschlägen, mal schmal auf ansteigenden Hängen, war nicht zu verfehlen. Farbige Wegzeichen an den Baumstämmen erleichterten Wanderern das Ziel. Natürlich gab es auch Nebenwege, die sich irgendwo im dichten Unterholz verloren. Sie weckten die Neugier auf Unbekanntes, schlängelten sich vorbei an bizarren Felsblöcken, überquerten ungezählte Quellrinnsale, entwurzelte Bäume versperrten nicht selten den Pfad, und wenn zuweilen das hohe Gras schwankte und die Füße bis zum Knöchel im Wasser versanken, war höchste Vorsicht geboten. Moorige Tümpel, die verräterisch glucksten, warnten vor dem Weitergehen.

Beim Pilzgang mit Vater mußte ich manchmal auf seinen Wink verharren, bis er zu mir zurückkam und das Weitergehen erlaubte. Solche tückischen Wege mieden wir Kinder, als einmal ein Aufgebot von Holzfällern und Forstarbeitern nach einem nicht heimgekehrten Schuljungen den Wald absuchte. Er hatte sich wahrscheinlich in den Moorlöchern verirrt, man fand nur seine Mütze an einem Ast im Gestrüpp.

Eines Nachmittags fragte mich Vater, ob ich ihn zur Großmutter begleiten möchte, sie habe morgen Namenstag. Es war ein sonniger Tag im Frühherbst. Wenn wir uns gleich auf den Weg machen, sagte er, sind wir noch vor Einbruch der Dunkelheit bei ihr. Natürlich wollte ich mitkommen. Während Vater im Rucksack einen Brotlaib und etliche Tüten mit Mehl, Erbsen, Zucker, sogar einen Patzen Fleisch verstaute, holte Mutter Frieda meine hohen Schnürschuhe. Die müsse ich schon anziehen, der Weg sei weit. Das war mir gar nicht recht, lieber hätte ich die leichten Bat'a-Schuhe getragen. »Und bleibt auf der Straße!« mahnte sie uns, »macht nicht wieder Extratouren!«

Die Straße am Schwarzwasserbach war mir wohlbekannt, vielleicht kann ich unterwegs mal beim Hutschenreiter Josef reinschauen, der sitzt ja in der Schule neben mir. Daraus wird wohl nix, sagte der Vater, wir kürzen ab und gehen übers Moor. Ich wußte, daß Vater in der Gegend sich auskannte und brauchte an seiner Seite keine Angst zu haben. Aber übers Moor? Ein bißchen mulmig war mir schon, und ich hielt mich wie ein Dackel dicht an seinen Fersen.

Unterwegs erklärte er mir wie immer bei gemeinsamen Gängen, welche Vogelstimmen zu hören waren. Manchmal ahmte er sie nach und freute sich, wenn er Antwort bekam. Er kannte sich aus im Waldgefieder. Einmal blieb er stehen und gab mir ein Zeichen zu schweigen. Ein prächtiger Hirsch, ein Achtender mindestens, stand vor uns und äste. Dann hob er sein Geweih, sah uns an und verschwand langsam, furchtlos, majestätisch wie ein König im Unterholz.

Auch aufs Fährtenlesen verstand sich Vater: »Das sind Spuren von Rehen, hier schnürte ein Fuchs entlang!« Wo die Wildschweine hausten und sich sielten, wußte ich schon, aber an einer Stelle des festen Weges prüfte er mit besorgtem Antlitz eine Schleifspur und einen tief im Moos eingedrückten Hufabdruck. »Jesses Maria«, sagte mein gottloser

Vater, »was mag das wohl für ein Urviech gewesen sein?«
Er wollte mich prüfen. »Ein Pferd«, antwortete ich und
bekam die lobende Antwort: »Richtig. Aber die Schleifspur
stammt vielleicht von einem Krokodil?« »Krokodile gibt's
hier nicht. Das Pferd hat einen Baumstamm gezogen!« Vater
gab mir darauf eine Eins im Singen. Es war seine Art, gute
Noten für unpassende Fächer zu geben.

Plötzlich sahen wir Helligkeit hinter dichten Fichtenstäm-
men und standen kurz danach vor einer mit Torfmoos be-
wachsenen Fläche, in der sich kleinere Inseln mit Baum-
und Strauchwuchs erhoben – das Hochmoor. »Da müssen
wir rüber«, sagte Vater. »Halte dich genau an mich. Geh'
nicht vom Weg ab, auch wenn dich die schönsten Steinpil-
ze oder hochgewachsene Rotkappen locken.« Vaters Stimme war seltsam ruhig und leise. Ich solle mich dicht hinter
ihm halten.

Er nahm einen großen, trockenen Ast vom Wegesrand
und betrat einen für mich kaum wahrnehmbaren Pfad.
Schritt um Schritt folgte ich ihm, er blieb selten stehen.
Stellenweise, doch abseits vom Wege, breiteten sich leichte
Nebelstreifen übers Moor. Ob das Erlkönigs Töchter sind?
Ein großer Vogel flatterte auf und erschreckte mich. Die
sinkende Sonne im Rücken warf lange Schatten von uns,
seltsame Geräusche drangen auf mich ein. Mal hörte ich
ein Platschen, mal ein Schwirren, zuweilen ein Bluppern
und Gurgeln, das mich ängstigte. Langsam dämmerte es,
sah ich da und dort an dunklen Wassern hüpfende Lichter,
grünlich und golden leuchtend. »Was bewegt sich dort?«
fragte ich flüsternd. »Sind Irrlichter«, hauchte Vater zurück
und stakte weiter. Wie von einer unsichtbaren Hand gelei-
tet, fand er immer wieder festen Boden. »Gleich sind wir
drüben«, sagte er und wies auf eine Kette hoher dunkler
Fichten vor uns.

Plötzlich wuchs vor Vater wie ein Gespenst eine riesige Gestalt aus dem Boden, in erhobener Hand eine Axt. Vater erstarrte. Doch einen Schritt vor ihm hörten wir den Hühnen knurren »ist der Falsche« und verschwand mit einem Satz im Dickicht. Sekunden lähmenden Schreckens, bis mich Vater ergriff und an sich zog. Als wir nach wenigen Schritten festen Waldboden unter den Füßen spürten, rannten wir, als wäre der leibhaftige Teufel hinter uns her. Der Hochwald wich einer Fichtenschonung, vor uns im tiefen Tal Lichter. Großmutters Dorf.

In der Gendarmeriestation gähnende Ruhe. »Na, wer kommt denn da?« fragte eine fette Stimme und gab gleich selbst die Antwort, »der Haiser Lois!« Der Gendarm bemerkte gar nicht, daß wir außer Atem waren. Er legte eine Zeitung aus der Hand und wollte einen Plausch anfangen. »Es pressiert was anderes«, sagte Vater und berichtete, was uns am Moor widerfahren ist. Die Gendarmen hörten belustigt zu und glaubten Vater kein Wort. »Ach Lois, wir kennen dich. Ist wohl wieder eine deiner erfundenen Geschichten«. »Ist aber wahr!« rief ich. »Schon gut«, beruhigte mich der Dickwanst, »der Apfel fällt nicht weit vom Stamm«, womit er das schreckliche Erlebnis als einen Scherz abtat.

Großmutter empfing uns, als hätte sie uns erwartet. Auf dem Küchentisch stand schon Ziegenkäse und ein Gefäß mit Ziegenmilch. »Ich hab gewußt, daß ihr heute abend noch kommt«, sagte sie, »vor einer halben Stunde hat Hugo, der Moorkauz, so laut geschrien. Das ist immer ein Zeichen, daß etwas passiert«. Wir sollen uns gleich setzen und essen. Ich war müde, hatte keinen Hunger, schon gar nicht auf den ekligen Ziegenkäse, verzog mich in die Bodenkammer und schlief gleich ein – wie ein Toter.

In den frühen Morgenstunden hörte ich ein lautes Pochen an der Tür, und eine Gendarmenstimme rief: »Lois, steh auf! Am Moor haben Forstarbeiter einen Erschlagenen gefunden. Komm mit, du mußt uns deine Geschichte noch mal erzählen!«

Als wir am Sonntag zu Hause ankamen, diesmal ohne Abkürzung übers Moor, stand die Küche voller Leute. Mutter Frieda bleich wie ein Leichentuch.

»Was war los?!« riefen sie alle. »Erzähl doch, Lois! Erzähle!« Aber Vater erzählte diese Geschichte nicht mehr. Nur ich, allen, die sie hören wollten. Von Mal zu Mal wurde mein Bericht gruseliger.

Die weise Frau in der Gespenstermühle

Außerhalb des Dorfes gab es eine Mühle, deren Radschaufeln sich schon lange nicht mehr drehten, weil ein geschlossenes Wehr kein Wasser zu ihr führte. Der steinige Graben war ausgetrocknet, das Haus grau und zum fürchten. Alte Leute erzählten, es soll dort spuken. In der Walburgisnacht fliegen alle Hexen des Erzgebirges mit ihren Besen durch den Schornstein zu ihrem alljährlichen Hexenball. Ein böser Zauber liegt über der Mühle.

Solche Geschichten hörte ich furchtbar gern.

Ich war noch nicht an der Mühle, und so machte ich mich eines schönen Tages auf den Weg, sie zu suchen. Unterwegs fragte ich einen Jungen, den ich nicht kannte und in unserer Schule noch nie gesehen hatte. »Glück auf!« grüßte ich ihn. »Kannst du mir vielleicht sagen, wo die verwunschene Mühle liegt?«

Er guckte ein bißchen dumm, als überlege er, ob ich ihm eine Antwort wert sei. Dann antwortete er: »Kannst du Forellen mit der Hand fangen?«

»Wenn's weiter nichts ist! Wir können ja um die Wette fangen.« Er führte mich an ein Bächlein, das munter von Stein zu Stein sprang, zwischendurch sich ausruhte und Anlauf nahm, weiter zu hopsen. Das war genau die richtige Stelle. Auch Forellen müssen sich ausruhen, meistens unter einem Stein, wo die Sonne sie nicht blendet. Da kam gerade so eine Ruhebedürftige. Sie schaute sich erst um, bis sie den schönsten Ruheplatz fand.

»Willst du zuerst oder ich?«

»Fang du an«, sagte der Junge. Ich zog meine Turnschuhe aus, stellte mich ganz sanft ins kalte Wasser, damit keine Wellen die Forelle verscheuchen, fuhr langsam mit der flachen Hand unter den Stein, wo die rot und schwarz Punktierte stehen mußte. Da spürte ich sie schon, ohne sie berührt zu haben, sie mußte genau zwischen meinen Fingern und dem Handteller liegen. Zack, das muß unheimlich schnell gehen, schloß ich die Hand, fest wie eine Schraubzwinge. Ich hatte sie. Sie wand sich, schlug mit dem Schwanz, und ich warf sie ebenso schnell auf ein Moospolster. Ihre Ausreißversuche halfen ihr nichts. »Willst du sie haben?« fragte ich den Jungen. Er schüttelte den Kopf: »Ich kann Forellen nicht das Genick brechen.« Da gab ich dem Fisch wieder die Freiheit und warf ihn ins Wasser. Ängstlich sprang er gleich über mehrere Steine.

Da wußte ich, der Junge ist kein Rohling und würde auch ein Krokodil wieder ins Wasser werfen. So fing unsere Freundschaft an. Ignaz, so nannte er sich, wurde zutraulich und verriet mir, daß er an der Mühle nicht gern vorbei geht. Dort soll eine Frau wohnen, die mit zwei Katzen durch den Wald spaziert. Sie laufen immer um die Frau herum und bewachen sie. »Kannst mir glauben, wie eine Hexe sieht die aus.«

»Aha. Hat sie eine lange dürre Nase mit einer Warze auf der Spitze, rote Zotteln, faule Zähne, hinkt sie vielleicht auch?«

»Und wie, sie geht an einem Stock und ganz krumm.«

»Eija. Und die dürren Finger haben sicher so lange schwarze Fingernägel.«

»Na ja, ganz so genau hab ich sie mir nicht angesehen, ich bin gleich in die andere Richtung gerannt.«

»Da warst du aber ganz schön mutig, Ignaz, so einer Hexe bin ich noch nicht begegnet, nicht einmal im Urwald.«

»Hier gibt es keinen Urwald, nur Fichten, Tannen, Kiefern, Birken, Vugelbeerbahms und auch einige Lärchen.«

»Du weißt ja Bescheid«, lobte ich Ignaz. »Aber meistens halten sich Lerchen doch auf Wiesen auf. Sie singen herrlich, besonders früh am Morgen.«

»Die meine ich doch nicht, du Depp, ich meine den Baum mit den kleinen weichen Nadeln. Der schreibt sich mit sich dem Umlaut ä, du Pfahschnack.«

Jetzt verstand ich Ignaz noch besser. Denn das zu letzt genannte Schimpfwort gibt es nur im Erzgebirge.

Wir merkten gar nicht, daß wir plötzlich vor der Mühle standen. Ein bißchen unheimlich sah sie schon aus. Da kam eine alte Frau aus dem Haus, begleitet von zwei Katzen, und als sie vor uns stand, sagte sie, wie man eben so redet:

»Möchtet ihr zwei Jungs vielleicht ein Schälchen mit Preiselbeeren, Milch und Zucker haben? Ganz frisch, hab sie grade erst aus dem Wald geholt.«

Ignaz stand mit offenen Mund da und rührte sich nicht vom Fleck, wie verzaubert. Ich sagte vor Überraschung: »Na ja, gern, wenn's keine Umstände macht.« Diese Redensart benutze ich eigentlich nie, das sagen nur Erwachsene, wenn ihnen ein Tüpferl Kaffee angeboten wird. Mir fiel halt in diesem Augenblick nichts anderes ein. Ignatz brachte kein Wort raus. Die Frau ging voraus, gestützt auf einen Stock. Sie hinkte ein wenig. »Paßt auf, der Flur ist dunkel, am Tag mach ich keine Lampe an, Petroleum ist teuer.« Die Katzen warteten vor einer Tür. »Wißt ihr, zu mir kommt selten jemand, da freu ich mich über jeden Besuch.« (Das erinnerte ich mich an meine Großmutter. Wenn sie ihr Sohn, mein Vater, besucht, dann sagst sie: Läßt dich du Schlawiner auch wieder mal sehen?) Als die Frau bei der

Katzenwache angelangt ist, sagte sie. »Bei mir ist nicht so aufgeräumt, geht alles ein bißchen langsamer, wenn man alt ist.« Sie ließ uns in ihr Zimmer eintreten. »Setzt euch aufs Kanapee, das ist schön weich!« (Meine Großmutter sagt zu meinem Vater immer: Hoffentlich rennst nicht gleich wieder weg, wann sieht man dich schon mal!)

Wir setzten uns, Ignaz ließ immer noch seine Unterlippen hängen, eine Zahnlücke hatte er auch. Während die alte Frau an der Kredenz kleine Schalen mit Preiselbeeren füllte, schaute ich mich im Zimmerchen um. An der Wand gegenüber hingen zwei alte Fotografien, ein Mann mit Schnurrbart und eine Frau mit breiten Hut, auf dem Blumen wuchsen. Darunter eine eingerahmte Zeichnung, auf der eine riesige Fabrik mit mehreren großen Schornsteinen zu sehen war. Auf der rechten Seite von uns stand ein Regal mit vielen Büchern. So viel Bücher hat nur der alte Lehrer Krehan. Daneben auf einem Ständer eine Vase mit Vogelbeerbaumfrüchten. Mama Frieda schmückt damit auch manchmal das Schlafzimmer. Blumen sind zu teuer, es gibt auch kein Blumengeschäft in unserem Dorf.

»Wenn es euch zu dunkel ist, mach ich die Lampe an, mein Fenster ist klein, da kommt zu wenig Licht rein«, sagte die Frau und goß Milch auf die Preiselbeeren. Dann stellte sie uns die Schale auf den Tisch: »Langt nur zu, ich hab noch mehr!« Jetzt machte auch der Ignaz den Mund auf und zu. Die Beeren schmeckten ihm wohl. Die Frau setzte sich und schaute uns zu. Ihr Gesicht war breit, auf der Nase hatte sie keine Warze, die dünnen Haare hatten hinten einen Knoten und die Augen schauten durch eine dikke Brille.

Ich sagte: » Sie haben aber viele Bücher.« Die Frau seufzte. »Sie sind meine einzige Freude und meine Kätzchen, die Lisa und der Fritz.«

»Und die Fotografien, sind das ihre Eltern?«

»Ja, ja, sind schon lange tot.«

»Und die Fabrik darunter. Gehörte die Ihnen oder Ihren Eltern?«

»Ach, das ist eine lange, traurige Geschichte. Eßt doch noch ein bißchen. Sind sie auch süß genug?«

»Ja«, sagte der Ignaz, sein erstes Wort.

»Du schaust immer zu meinen Büchern. Liest wohl gern?« wollte sie wissen.

»Ja, gern.« Die Sonne stand hinterm Haus, es wurde langsam dunkler. »Wir müssen jetzt gehen«, sagte ich, obwohl ich lieber geblieben wäre. Die Bücher hätte ich mir schon gern angeschaut.

Ignaz mußte ich anstucksen, damit er aufsteht. Wir bedankten uns, ganz ehrlich, für die Preiselbeeren und überhaupt.

Die Katzen sprangen zur Tür, die alte Frau sagte: »Wenn ihr Lust habt, schaut mal wieder bei mir rein.«

Draußen war ich wie benommen, warum kann ich nicht sagen, ich sah das gute Gesicht der Frau, die Bücher, die friedlichen Kätzchen ...«

Ignaz war auch still, sagte draußen nur: »Ich muß jetzt da lang«, während ich nach rechts abbog.

An diesen Besuch werde ich mich immer erinnern. Die traurige Geschichte der alten Frau hätte ich zu gern gehört, doch nach einigen Tagen lebte sie nicht mehr. Ein schwarzes feines Auto, so erzählte man, soll die arme tote Großmutter abgeholt haben. Es kam aus dem fernen Essen, wo die großen Kanonenwerke von Krupp waren.

Die traurige Geschichte vom »Würchtl-Seff und seiner Frah«

*E*inst hatte der Würscht Josef unweit der Grenze einen Laden aufgemacht, in welchem er die beliebten heißen Würstchen verkaufte, zur Freude der Kinder auch Zuckerstengel, Eishütchen, Brezeln und andere Schleckereien. Seine guten Kunden konnten sich außerdem nach des Tages Arbeit gelegentlich ein Stamperl Rum oder eine Flasche Bier oder beides genehmigen und zur Ernüchterung eine oder mehrere der großen Senfgurken aus einen Holzfaß hinterher schieben. Josef, rundlich und gesellig, widmete sich seinen Gästen, unterhielt sie und hielt mit Kräften beim Umtrunk mit. Das Geschäft hätte ihn für einige Zeit redlich ernährt, wäre seine Frau, die Zensi, nicht so mißtrauisch gewesen.

Zensi hockte zu Hause in einem Häuschen am Rande eines kleinen Deiches, hütete die Enten und Gänse, die sie für das Weihnachtsfest aufzog und legte jeden Heller in eine Schatulle, die sie in der Wäschekommode versteckte. Josef kam lange Zeit nicht hinter den verborgenen Schatz. Als sich aber herausstellte, daß der Laden mehr Schulden als Gewinn einbrachte und Josef fast jeden Tag fröhlich lallend nach Hause kam, überprüfte sie den Inhalt ihrer heimlichen Sparkasse. Dieser Haderlump, pfiff sie durch zwei Zahnlücken, der bestiehlt mich. Seff, zur Rede gestellt, stritt natürlich alles ab. Er habe immer nur an sie, seine treue Frau gedacht und den Erlös aus seinem Laden auf das Konto der Sparkasse gebracht. Eine Weile glaubte sie ihrem Josef, bis sie die Frage stellte: »Wovon bist du fast jeden Tag besoffen? Bist wohl selbst dein bester Kunde!«

Das kränkte Würschtl Seff gar sehr, er machte seiner Zensi einen Vorschlag, den er sein Leben lang bereute: »Kannst ja mit in den Laden kommen, eine Kassiererin könnte ich gut gebrauchen.«

Zensi kam. Sie hockte sich breit wie eine Prinzipalin hinter den Ladentisch und wachte mit Argusaugen über die Einnahmen. Anschreiben wie bei ihrem gutmütigen Deppen Josef gab es nicht mehr, wer nicht genügend Geld bei sich hatte, durfte sich nicht mehr sehen lassen. Die guten Kunden blieben fortan weg, die seltenen Kunden überprüften vorher ihre Hosentaschen, ob sie es wagen konnten, sich ein Bier oder ein Stamperl Rum zu leisten. Josef durfte sich nicht mehr zu ihnen setzen, schwatzen und auf ihr Wohl anstoßen. Zensi fand immer Arbeit für ihn. Aus war es mit seiner Freiheit, nicht einmal ein Blick in die Kasse war ihm erlaubt. Um Zigaretten mußte er betteln, erst recht um übriggebliebene Würstchen. Nur eine Senfgurke durfte er verspeisen, wenn er vor Hunger bald umfiel.

Auch wir Kinder wurden von der strengen Prinzipalin taxiert, meistens mußten wir unsere Heller vorzeigen, ob sie auch für ein Tütchen Eis reichten. So wurde es immer stiller im Laden. Der Seff döste hinter dem Ladentisch vor sich hin, seine Frau strickte und genehmigte sich ab und zu eine dicke Zigarre, als Chefin stand ihr das wohl zu.

Um Martini herum begann die Schlachtezeit für Gänse. Zensi wußte, daß ein großes Geschäft auf sie zukam und beschloß, sich dem Federvieh wieder zuzuwenden. Die Gänse mußten in die Mastzeit, das heißt gestopft und genudelt werden, damit sie dick und fett wurden. Von dieser

Arbeit hatte Josef keine Ahnung, im Gegenteil, er traute ihnen nicht über den Weg, wenn er heim kam. Sie begrüßten ihn angriffslustig mit vorgezogenem Hals und gefährlichem Fauchen. Zensi glaubte, daß ihr guter Mann unter ihrer Fuchtel so weit gebändigt war, daß sie ihm mit gutem Gewissen den Laden wieder allein überlassen kann. Um ganz sicher zu sein, mußte Josef jeden Abend seine Taschen umkehren, seine geliebte Frau anhauchen, ob er nicht wieder dem Alkohol verfallen sei. Die Tageseinnahmen mußte er selbstverständlich auf den Küchentisch legen, die Zensi sogleich in einem neuen Versteck verwahrte.

Das ging eine Weile gut bis zu dem Tag, als über Nacht der erste Frost einbrach. Vom Himmel fiel Grieselschnee, der Wege, Wiesen und Bäume verzuckerte. Der Winter kündigte sich an. Nach wenigen Tagen spannte sich eine Eisdecke über den Haldenteich, ein fröstelnder Wind kam auf und fegte den Schnee an den Rand des Ufers.

An einem dieser Abende kam der Würschtl Seff nicht zur gebotenen Zeit nach Hause, seine Frau Zensi wurde unruhig. Sie zog sich schließlich warm an, trippelte zum Laden und hörte ihren Seff mit einigen Kumpeln fröhlich den Wintereinbruch feiern. Na warte, du Saufkopf, mochte Zensi gedacht haben, machte sich auf dem Heimweg, verschloß die Tür, blies die Petroleumfunzel aus und legte sich zu Bett. Sieh zu, du Halunke, wo du heute Nacht schläfst.

Es mußte ziemlich spät geworden sein, als sie das Klopfen an der Tür vernahm und auch Josefs klägliches Wimmern: »Mach auf, Zensi, ich bin es, dein lieber Josef!« Zensi blieb unerbittlich. »Es ist so kalt, Zensi, du kannst mich doch nicht erfrieren lassen.« Zensi hatte kein Erbarmen. Josef faßte einen furchbaren Entschluß und verkündete: »Wenn du mich nicht reinläßt, spring ich in den Teich, dann kannst du deinen Josef nicht mehr lebend sehen!« »Spring doch!« höhnte Zensi durch die verschlossene Tür. Da packte der Saufkopf den Hackklotz vor dem Holzstapel, ging an den Rand des Teiches und warf mit übermenschlicher Kraft den schweren Klotz aufs Eis, daß es nur so krachte. Zensi hörte ein Klatschen und Josefs Schrei, öffnete die Haustür, rannte im Nachthemd und mit Pantoffeln an den Füßen zum Teich, sah wie das Loch im Eis Wasser einen breiten Ring bildete und schrie: »Josef, Josef, was tust du!« Sie schrie so laut, daß im Haus des Metzkers Hackl schon das Licht anging.

Doch Josef, das Schlitzohr, kroch aus seinem Versteck hinterm Holzstapel hervor und huschte blitzschnell durch die Tür, die er auch sogleich verriegelte. Zensi, vor Frost bibbernd, wollte rasch ins Haus und sich warm anziehen, fand die Tür verschlossen und hörte Josefs Stimme vergnügt krähen: »Jetzt hab ich's dir heimgezahlt, sieh zu, wo du ein warmes Plätzchen findest!« Zensis Jammern erwärmte ihn, zufrieden mit seiner Rache gab er seiner lieben Frau noch den Rat: »Kannst ja zu deiner Schwester gehen, mit der Hexe steckst du ja unter einer Decke.«

Man weiß nicht genau, wie sie den zwei Kilometer weiten Weg schaffte. Es sprach sich nur herum, daß in dieser bitterkalten Nacht etwas Furchtbares geschehen sein mußte. Metzkermeister Hackl hatte wohl eine Vermutung und erzählte seiner Kundschaft, daß sein Rivale, der Würschtl Seff, wohl sein Weib erschlagen hat.

Aber zwei Tage später sah man Josef und seine »Frah« wieder im Geschäft, Josef geduckt und ergeben, die Zensi wuchtig und mit einer Zigarre im Mund hinterm Ladentisch. Die Polizei hatte keinen Grund nach einer Toten zu forschen.

So ist es nun mal im Erzgebirge, Geschichten werden schnell erzählt. Auch wenn sie nicht wahr sind, etwas bleibt immer hängen.

Wahrscheinlich eine der letzten Aufnahmen mit Onkel Flasch. Tante Ottilie hab' ich als junge Frau in Erinnerung (hinten links), der Onkel sah schon immer so aus.

Hier sehen wir Tante Vroni, die schneller und lauter sprechen konnte als alle Schwestern Vaters, und Onkel Schors, der oft als Eisenbahner auf Reisen war. Vielleicht vertrugen sich deshalb beide so gut.

Die Schauspieler kommen!

Für uns Kinder war es immer ein großes Ereignis, wenn es hieß: Die Schauspieler kommen! Filme kannten wir schon, in Johannstadt auf der anderen Seite der Grenze gab es ein Kino. Wenn Vater einmal gut gelaunt war, spendierte er uns eine Krone zum Besuch einer Kindervorstellung. Eigentlich hätten wir pro Kind vier Kronen bezahlen müssen, das waren etwa 50 Pfennig. Die Frau an der Kasse war gutmütig und ließ auch die böhmischen Erzgebirgler rein.

Doch der Ruf, die Schauspieler kommen!, war für die Bewohner in den Bergen und Wäldern stets ein besonderes Ereignis. Die Künstler kündigten sich mit einem Plakat an, und am Tage ihrer Ankunft zogen sie mit zwei Pferdchen und einem bunten Wagen durchs Dorf. Auf dem Kutschbock saß ein verkleideter Soldat, der in ein Horn blies und verkündete, wann und wo sie ihre Kunst darbieten wollen. Hinter dem Wagen schritten die Schauspieler in verschiedenen Kostümen, dazu auch Frauen, die sich nach allen Seiten verbeugten oder knicksten und den neugierigen Dorfbewohnern sogar Kußhändchen zuwarfen. Das war schon sehr komisch. Natürlich kostete der Besuch auch Geld, für Kinder zur Nachmittagsvorstellung eine Krone, für Erwachsene mehr, und wer nicht genug hatte, durfte auch mit Futter für die Pferde oder mit Waldbeeren, Pilzen, Forellen oder anderen Lebensmitteln bezahlen. Die Theaterkünstler zogen von Ort zu Ort, wo es einen Wirtshaussaal gab. Auf der Bühne, wo sonst die Feuerwehrkapelle spielte oder Zauberkünstler, Schlangenmenschen und andere Artisten gelegentlich auftraten, konnten auch die Schauspieler ihre Kunst vorführen.

Theaterspielen pflegten wir schon in der Schule. Mein erster Auftritt war bereits in der ersten Klasse. Einmal im Jahr zeigten wir den Eltern unser Talent. Ich sollte nur ein Frühlingsgedicht aufsagen, andere, die älteren Schüler spielten sogar richtige Theaterstücke. Das Schönste bei solchen Anlässen war die Verkleidung und die Verwandlung. Weil die Schule wohl nicht genügend Kostüme hatte, ich aber unbedingt eins anziehen wollte, gab man mir eine knallbunte Soldatenuniform. Das war vielleicht nicht passend zu meinem Vortrag, aber die Leute freuten sich und klatschten in die Hände. War ich stolz. Mama Frieda meinte, ich hätte das Gedicht sehr schön aufgesagt, nur Vater hatte etwas daran zu bemängeln: Mußtest du ausgerechnet eine Uniform dazu anziehen?

Nun waren richtige Schauspieler bei uns. Ich war 12 Jahre alt, als mir und meinem Bruder der Besuch erlaubt wurde. Das war ein spannendes Ereignis. Die Künstler waren als Räuber verkleidet, trugen Revolver, Gewehre und Dolche, saßen in einer Räuberbude und verteilten die Schätze. Das ging nicht ohne Lärm und Geschrei vor sich. Der Räuberhauptmann hätte einem der lautesten Räuber bald die Gurgel durchgeschnitten. Aber dann feierten sie doch zusammen und erzählten sich gegenseitig, wie dumm sich einer ihrer Kumpane angestellt hat. Das war der kleinste von den Künstlern und am Schluß am meisten besoffen. Wie sie so schön im Gange waren, kam einer der Räuber reingestürzt und rief: »Die Kaiserlichen kommen!« Jetzt wurde es noch lustiger, es begann eine wilde Knallerei. Die Räuber schossen mit Pistolen und Gewehren zum Fenster raus, aber die

Kaiserlichen waren in der Übermacht. Am Ende wurden alle Lebenden gefangen genommen. Als sich der Vorhang wieder öffnete, sah man nur noch den Räuberhauptmann, der den Kaiserlichen zurief: »Zielt gut, ihr Hundsfötte!« Es krachte, und das war der Schluß. War ich froh, daß danach alle Schauspieler wieder gesund auf die Bühne kamen und sich verbeugten. Da wollte ich auch Schauspieler werden.

Als mein Vater das hörte, sagte er: »Geh, das ist ein Hungerleiderberuf. Hast ja gesehen, sogar um Heu für ihre Pferde mußten sie betteln.«

»Ich hab auch schon gebettelt, mit der Großmutter, und das soll ich ganz gut gekonnt haben.«

»Was erzählst du da?« Vater wurde auf einmal wütend.

»Das war in den Ferien, als ich bei ihr war. Großmutter hatte kein Geld mehr für Brot. Deshalb sollte ich sie begleiten, und wenn sie mich anstößt, soll ich nur sagen: Ich hab' Hunger.«

Vater lief rot an und schnappte nach Luft. »Das erzähl mir mal ganz genau!«

»Das war nicht schwer. Großmutter sagte zur Bäckersfrau, ob sie noch einmal anschreiben kann? Die Bäckersfrau antwortete, nein, das steht schon vom letzten Mal was an. Da stuckste mich die Großmutter, worauf ich bettelnd zu ihr sprach: Ich hab' Hunger, Großmutter. Das ist mir gut gelungen, denn die Bäckersfrau gab mir zum Brot auch noch eine Brezel.«

Vater platzte bald vor Wut. Er schrie, daß ich so was nie wieder machen soll, und mit der Großmutter würde er selbst reden. Das hat er wohl auch getan, fortan besuchte er sie öfter.

Aber mein heimlicher Wunsch, Schauspieler zu werden, ging mir nicht aus dem Kopf. Einmal glaubte ich, jetzt könnte ich es werden. Eine Lehrerin probte an der Bürgerschule das Fastnachtspiel »Der Roßdieb zu Fünsing« von Hans Sachs ein.

Ich hörte in der Turnhalle zu. Nach der Probe fragte ich die Lehrerin, ob ich auch mitspielen könnte. Sie schaute mich freundlich an, gab mir ein Heft, aus dem ich eine Stelle vorlesen sollte. Mit dem Lesen und der Betonung war sie schon zufrieden, aber ich müßte schon noch zwei Jahre warten, meine Stimme sei zu hell und zu klein sei ich auch noch. Da war ich traurig.

Irgendwo würde sich schon eine Gelegenheit bieten, mein Talent zu beweisen. Und als eines Tages ein neuer Kaplan verkündete, er würde am nächsten Sonntag ein Schauspiel über die Verfolgung der Christenheit aufführen und alle, die Lust haben, könnten es ansehen, bekam mein Wunsch wieder Auftrieb.

Es war ein verdammt kalter Wintertag, als ich mich mit Hahn Ernstl und Paatsch Leo auf den Weg zum Gasthaus in Ziegenschacht machte. Geschneit und gestürmt hat es, daß man kaum zehn Meter weit sehen konnte. Der Schnee flog vor und hinter unseren Schneeschuhen nur so weg und türmte sich an manchen Stellen zu meterhohen Schneewehen auf. Keuchend kamen wir an – zu spät. Der Kaplan hatte schon seine Vorpredigt gehalten, wir hörten gerade noch als er bat, wir sollen nach dem Spiel sagen, wie es uns gefallen hat.

Es hat mir nicht so gut gefallen wie bei den richtigen Schauspielern. Fad war es und komisch traurig. Deshalb meldete auch ich mich zum Schluß. Ich sagte, der Jünger Jesu hatte eine viel zu leise Stimme und war überhaupt zu schwächlich. Die heilige Maria Magdalena hat wie eine Ziege geplarrt, und wenn sie nicht mehr weiter wußte, mußte eine Frau hinterm Vorhang laut vorlesen, was sie sagen sollte. Die anderen Mitspieler bekreuzigten sich dauernd wie in der Kirche beim Kyrie eleisom. Keiner kämpfte gegen die römischen Herrscher, auch nicht am Schluß, wo sie wie Hexen am Kreuz verbrannt werden sollen. Wenn ich mitspielen dürfte, würde ich das Stück ganz anders schreiben.

Einige klatschten sogar, nur der Herr Kaplan sah es nicht so. Er sagte zum Schluß mit sanfter Stimme, wir sollen still nach Hause gehen und darüber nachdenken, »besonders du«, wobei er auf mich zeigte. Ich fand das ziemlich dumm. Hätte er gesagt, ich soll selber mitspielen, wäre ich vielleicht gnädiger gewesen.

Mit dem Wunsch Schauspieler zu werden, war es vorbei, denn je näher das Abschlußzeugnis an der Bürgerschule rückte, desto aufgeregter wurde ich. Über Prüfungen sollten einmal die Dichter schreiben, über die Lehrer und die bemitleidenswerten Schüler. Das könnte auch ein spannendes Theaterstück werden. Aber wer traut sich schon etwas gegen Lehrer zu sagen, schon gar nicht gegen Kaplane.

Zum Schluß darf ich ja noch verraten, was keiner weiß und mir auch niemand glauben würde. Viele Jahre später, als ich aus dem Krieg nach Hause kam, hab ich mit meinem Freund Theo eine Theatergruppe gegründet. Sie nannte sich »Theos kleine Wanderbühne«. Da zogen wir von Dorf zu Dorf, sangen und spielten. Bauern und andere brave Leute kamen in Scharen und lachten und tranken dazu Selbstgebrannten und schmissen nicht einmal mit Eiern. Die gaben sie uns als Honorar, manchmal lag eine Speckscheibe dabei oder ein Sack mit Kartoffeln. Wenn das die wirklichen Künstler gewußt hätten, sie wären auf uns neidisch gewesen. Aber wir mußten trotzdem einen ordentlichen Beruf lernen. Ich wurde Lehrer und mein Freund Theo Kriminalinspektor, ein richtiger wie im Film nicht, dazu war er viel zu lustig, auch grinste er dauernd die Verbrecher an.

Der fremde Gast

Eines späten Abends, wir Kinder lagen schon im Bett, hörte ich Klopfen an der Haustür. Es kam selten vor, daß zu dieser Stunde noch jemand Einlaß begehrte.

Ich hörte Mutter in der Küche fragen: »Wer will denn jetzt noch kommen? Es ist schon neun Uhr!« Auch Vater wunderte sich.

Das Klopfen wurde wiederholt, im seltsamen Abstand. Erst dreimal hintereinander, nach kurzer Pause noch zweimal. Ich wollte schon meinen Bruder anstucksen, aber der schlief bereits. Der schläft immer sehr schnell ein, während ich noch eine gewisse Zeit brauchte. Meine Augen schlossen sich erst, wenn ich mir meine Nachtgedanken zurechtgelegt hatte. Meisten stellte ich mir für den kommenden Tag vor, was ich mir vornehmen würde. Oder auch Wachträume, die mich zum Beispiel nach dem Lesen einer Geschichte noch am Einschlafen hinderten.

Es klopfte wieder: dreimal kurz, Pause zweimal hinterher. Die Eltern wurde unruhig. Ich hörte Mutter sagen: »Frag doch mal, wer das ist, aber mach die Tür nicht auf.« Vater öffnete das Fenster: »Ist da wer?« Er mußte die Stimme, die ihm geantwortet hat, erkannt haben, denn gleich darauf hört ich ihn die Flurtreppe hinunter gehen.

Eine Weile war es still, Vater sprach wohl mit jemandem, was ich nicht hören konnte.

Die Neugier ließ mich erst recht nicht müde werden.

Vater kam zurück. Warum redete er mit Mutter so leise? Nur den Namen Ferdl verstand ich, einer aus dem Dorf, mit dem Vater öfter zusammenhockte. Mutter Frieda öffnete leise die Schlafzimmertür, machte die Nachttischlampe an und schaute nach, ob wir schon schlafen. Ich verstellte mich, wollte wissen, was weiter geschah. Mama wühlte in dem Kasten und zog Bettwäsche heraus. Ob Onkel Vinzenz gekommen ist? Wahrscheinlich nicht, der hätte nicht so lange geklopft, sondern Steinchen ans Fenster geworfen und laut gerufen.

Mutter knipste die Lampe aus. Ganz still wurde es im Haus, ich hörte nicht einmal, wie sich die Eltern in das quietschende Bett legten.

Als wir wie immer um halb Sechs geweckt wurden, sagte Mutter: »Seid leise, auf dem Diwan in der Küche schläft einer. Weckt ihn nicht. Der hat eine lange Reise hinter sich.«

Menschen, die eine lange Reise hinter sich haben, waren für mich schon immer interessant. Aber von dem Fremden war nur ein dunkler Haarschopf zu sehen. Daneben, über einem Stuhl eine dunkle Hose und ein Jackett, obenauf eine Krawatte. So was tragen nur feine Herren. An der Tür hing ein langer schwarzer Mantel und über dem Haken sogar ein Hut. Ich kannte keinen, der mit so einem Hut rumlief, Onkel Vinzenz schon gar nicht. Mama Frieda trieb zur Eile. Vater, der gerade die Treppe hoch kam, noch mehr. Er sagte nur, der Fremde wußte nicht, wo er schlafen sollte, wenn ihr von der Schule kommt, ist er vielleicht schon weg.

Bei uns haben schon öfter welche übernachtet, Onkels, Tanten, aber die kannte ich. Mich wunderte nur, warum der Vater an der Haustür noch sagte: »Ihr müßt das nicht jedem erzählen, sonst denken die Leute, wir sind eine Pension. Irgendwo mußte der arme Kerl ja schlafen.«

Als wir von der Schule kamen, saß der arme Kerl am Tisch und verspeiste Knödl mit Gulasch, was es meistens nur an Sonntagen gab. Was mich noch mehr erstaunte, Mutter hatte sich sogar ein weiße Schürze umgebunden. Vater sagte: »Das sind meine Buben.« Der Fremde schaute uns freundlich an und hielt uns die Hand hin, an einem Finger steckte ein Ring mit Edelstein oder Glas. Wir waren es nicht gewohnt, die Hand zu geben, deshalb strich er uns übern Kopf. Das durften sonst nur Mutter oder Vater. Als alle mit dem Essen fertig waren, sagte Vater zu dem Fremden: »Ich komme mit zur Post, eine halbe Stunde hab ich Zeit. Um drei Uhr muß ich im Laden sein.« Vater kam zurück, allein. Mutter fragte ihn etwas. Vater zuckte mit den Schultern, Mutter meinte: »Hoffentlich.«

Eine komische Unterhaltung. Wenn sie wenigstens in ganzen Sätzen geantwortet hätten, so verstand ich nichts. Mein Bruder ist gleich verschwunden, weil er wie immer was vor hatte. Was, sagte er nie, und wenn, dann war das bestimmt geschwindelt. So war er nun mal. Ich ging zum Lindner Berthold, wir wollten zusammen dicke Kiefernrinde suchen, die wir zum Schnitzen brauchten.

Als ich zurück kam, stand der Fremde vorm Konsumfenster und unterhielt sich mit der Löffler Marie. Sie ließ sich Maritschel nennen und glaubte die Schönste und Vornehmste im Erzgebirge zu sein. Gerade sagte sie zu dem Fremden im feinen Hochdeutsch: »Ich mechte nur noch ein Bröt kaufen, dann komm ich mit.« Sie meinte natürlich »Brot«, die dumme Kuh.

Ich brachte schnell meine Rinde in den Schuppen und wartet hinterm Holzstapel, wohin die Zimtziege mit dem Fremden gehen will. Schon auf halbem Wege ahnte ich, die will mit dem vornehmen Herrn in ein Kaffee zum Tortefressen. Angeben will sie, damit jeder sehen kann, was für eine feine Herrschaft sie kennt. Ich sah dann beide Kaffee trinken und Torte schmatzen. Das war mir zu langweilig, deshalb ging ich gleich nach Hause. »Der Fremde ist ja noch da«, sagte ich zur Mama, »sitzt mit der Maritschel beim Leibel und frißt Torte. Heut ist doch nicht Sonntag, muß viel Geld haben, der Fremde.«

Mutter teilte diese Nachricht gleich Vater mit. Der sagte wütend, er bringt ihn heut Abend noch zum Bahnhof, dann kriegt er in Karlsbad noch den Zug nach Prag.

»Warum?«

»Das war so ausgemacht«, sagte Vater. »Deswegen hat er auf der Post mit einem Verwandten telefoniert.«

Er sagte das so dahin, als wenn es nichts Besonderes war. Vielleicht war das so, vielleicht auch nicht. Viele hatten Verwandte zur Übernachtung, aber so einen noblen Herrn hab ich bei ihnen noch nicht gesehen.

Als er abends mit Vater das Haus verließ, bedankte er sich bei Mama Frieda mit einem Geldschein, den sie nicht annahm, und mit einer Verbeugung wie bei feinen Leuten.

Vater graulte sich nach seiner Rückkehr den Kopf und sagte mehrmals: »Worauf hab ich mich da eingelassen?« Er suchte danach den Ferdl, seinen Genossen auf, und der soll auch gefragt haben: Worauf haben wir uns da eingelassen?

Der Nachtbesuch war wohl bald vergessen, keiner sprach mehr darüber. Erst einige Wochen später erzählte der Ferdl dem Lois, daß sie einem Naziagenten auf den Leim gegangen sind. Er sei in Prag von der Staatspolizei verhaftet worden. »Und uns gab er sich als verfolgter Doktor aus, der im ›Reich‹, so nannten wir Deutschland, von den Nazis gesucht wurde. Fünf mal soll er das Auto von Berlin bis nach Johannstadt gewechselt haben, und Ferdl schmuggelte ihn von dort zu uns.« Auf so etwas falle er nicht mehr rein, sagte Vater und schlug sich an die Schläfe.

Deshalb, dachte ich, hatte der Fremde so viel Geld, daß er mit dem dummen Maritschel anbändelte, sie mit Torte vollstopfte und danach als Doktor untersuchte. Reiche können sich so was leisten, da muß man vorsichtig sein.

Bekannte und Verwandte

Als Kinder wurden wir von den Eltern angehalten, immer ordentlich zu grüßen. Bei jeder Gelegenheit sagte Mama Frieda, »und daß du auch scheen grießt«. Bei uns war »Grüß Gott« der Tagesgruß. Mein Vater hatte keine so guten Beziehungen zum lieben Gott, sondern sagte zu jedem, den er kannte, »Glück auf!«, den Bergmannsgruß. Im Erzgebirge sagten alle Männer zur Tages- und Nachtzeit »Glück auf!«, die Frauen hielten sich mehr an den Herrn da droben. Wir Kinder hatten damals schon eine Vorliebe für Abkürzungen und sagten statt »Grüß Gott!« nur »Sgood!« Manche Jungen zogen vor Lehrern, Pfarrern, dem Postinspektor oder dem Waldhüter sogar die Mütze. Die meisten hatten aber keine und im Winter behielten wir sie auf dem Kopf.

Im Egerländischen, wo wir vorher wohnten, gab es einen anderen Männergruß. »Habe die Ehre«. So grüßten aber nur bessere Leute. Die zogen den Hut voreinander, manche bückten sich dabei, wenn sie einer höhergestellten Person begegneten. So grüßt man in Österreich heute noch. Aber die Arbeiter und sonstigen kleinen Leute kürzten diesen feinen Gruß wie wir Kinder ab. Sie tippten sich an die Mütze oder den Hutrand und sagten »Deere«. Das reichte. Bei solchen, die sich gut kannten, hörte man auch »Servus«. Das Wort soll aus dem Französischen gekommen sein, dabei brauchten die Männer die Hand nicht aus der Hosentasche zu nehmen.

Es war auch nicht üblich, sich mit Handschlag zu begrüßen. Wozu? Man sah sich jeden Tag. Umarmungen und Küsse wie bei ganz feinen Leuten gab es auch nicht. Wir Kinder haben uns untereinander überhaupt nicht gegrüßt, kannten wir uns gut, dann rempelten wir uns an.

Vielleicht haben sich die Frauen und Männer auch geküßt, aber nie auf der Straße und schon gar nicht vor den Kindern zu Hause. Meine Eltern habe ich bei dieser Tätigkeit noch nie gesehen, und wir Jungen wären auch nicht auf die Idee gekommen, so was bei den Mädchen auszuprobieren. Die Frommen hätten das gebeichtet, weil es eine Sünde ist, und am nächsten Sonntag hätte der Pfarrer von der Kanzel gepredigt, wie verdorben wir sind.

Merkwürdig war auch das Verhalten meines Vaters zu seinen Brüdern und Schwestern. Ich weiß gar nicht genau, wieviel es waren, von der Zahl 13 war einmal die Rede. Ein Bruder soll im Ersten Weltkrieg umgekommen sein, zwei waren verschollen, manche verstorben. Einer hauste irgendwo im Walde. Sie trafen sich wohl einmal bei einer Kirmes, hatten aber keine Ähnlichkeit. Hätte Mama Frieda uns nicht zugeflüstert, das sei unser Onkel, wir hätten von seiner Existenz nichts gewußt.

Nur drei Angehörige von Vaters Geschwistern prägten sich mir ein, der jüngere Bruder Onkel Vinzenz, die Tanten Anna und Vroni. Zu allem Unglück sah die Tante Anna dem Vater am ähnlichsten. Sie war aber bissig und redete laut und schrill, daß man sich die Ohren zuhalten mußte. Wenn sie sich ankündigte, sagte Vater: Die hat mir gerade noch gefehlt.

Wie gut hatten es dagegen meine kleinen Schwestern Gerlinde und Gertrud. In den ersten Monaten fütterte ich sie sogar, später ritten sie auf meiner Schulter und jede hat mir diese Freundlichkeit bedankt, indem sie mir in den

Nacken pullerten. Wenn ich das erzähle, schämen sie sich heute noch.

Mit Onkel Vinzenz freundeten wir uns schnell an. Er kam eines Tages mit einem Rennrad und einer Zieharmonika an. Ich wunderte mich, warum ihn Vater gar nicht brüderlich begrüßte. »Was willst du denn hier?« fragte er, und der Onkel Vinzenz antwortete, er wollte nur mal sehen, wie es uns geht. Die beiden waren sich überhaupt nicht ähnlich. Der Vinzenz hatte einen Stoppelbart, Vater war wie immer glatt rasiert.

Der Onkel hatte schwarze Locken, Vater einen strengen Scheitel. Beide Brüder unterschieden sich auch in der Kraft. Vinzenz konnte Handstand, Vater meinte dazu, wenn er so jung wäre wie der, könnte er es auch. Vater sagte gleich zu ihm: »Wenn du ein paar Tage hier bleiben willst, dann mußt du hier Holz hacken!« Onkel Vinzenz ließ seine Muskeln sehen und meinte, das sei für ihn eine Kleinigkeit.

Mama Frieda ärgerte sich wegen Vater und versorgte den Onkel gut. Es waren schöne Tage mit Onkel Vinzenz. Er brachte uns nach der Arbeit das Radfahren bei. Für uns war ein Fahrrad ein Reichtum. Es gab in meiner Klasse nur einen, der eins besaß. Jetzt konnte ich sogar fahren, hatte aber kein Rad. Im Gegensatz zu Vater, der nur Mandoline spielen konnte, spielte der Vinzenz noch Trompete, Saxophon und Trommel. Vielleicht war Vater deshalb neidisch auf den jüngeren Bruder. Aber was sollte er sonst machen, er bekam keine Arbeit in der Fabrik und verdiente sich auf Hochzeiten oder bei der Kirmes etwas Geld. »Geld kann ich dir nicht geben«, sagte Vater zu ihm, »aber essen und schlafen ist umsonst.« Wieder ärgerte sich die Frieda über Vater und schob dem Vinzenz beim Abschied heimlich ein paar Kronen in die Tasche.

Ich habe Onkel Vinzenz seitdem nicht mehr gesehen.

Im Zweiten Weltkrieg ist er als einer der ersten gefallen. Nur ein Foto haben wir noch von ihm. Wenn ich es jemandem zeige, sagt mancher, der sieht aus wie ein Schauspieler. Heute weiß ich, wem er ähnlich sah, dem italienischen Schauspieler Mastroianni. Aber sein Vater konnte der nicht sein, eher Vinzenzs jüngerer Bruder.

Kein Foto ist von Tante Anna zu finden, von Tante Vroni nur ein Hochzeitsbild. Tante Anna war die giftigste von allen Schwestern und machte den Vater bei jedem Besuch vor Mama Frieda schlecht. Tante Vroni hat uns nie besucht. Aber geizig soll sie nach Vaters Beschreibung sein, sogar die Nudeln soll sie zählen.

Von allen Verwandten waren uns die Tante Paula und der Onkel Franz am liebsten. Sie kamen nur an großen Festtagen, worauf sich alle freuten, auch meine Eltern. Mama Frieda brachte sich dabei fast um. Sie wienerte die Möbel und wischte und bohnerte den Fußboden, als wenn Präsident Masaryk käme. Kuchen wurde gebacken so groß wie ein Wagenrad, und die Gläser mußten blinken wie ein Spiegel.

Wir Kinder zählten die Tage ihrer Ankunft. Der Zug aus Alt Rohlau traf gegen Mittag ein, wir waren aber schon eine Stunde früher auf dem Bahnhof, daß uns der Vorsteher ziemlich mißtrauisch beobachtete. Tante Paula hatte kräftige Zähne, so daß wir sie schon beim Einfahren des Zuges am Fenster erkannten. Wir zogen sie fast aus der Waggontür und trugen ihre schwere Handtasche, Onkel Franz sah das auch gern und riet uns unterwegs, sie recht oft fallen zu lassen, das erhöht die Freude. Paula fragte uns gleich über die Schule und die Zeugnisse aus, das können auch die liebsten Verwandten nicht lassen, Franz wollte nur wissen, ob wir auch die Lehrer richtig ärgern. Zu Hause hatte sich Mama Frieda eine weiße Schürze mit Rüschen umgebunden, und Vater lauerte auf der Straße auf den Besuch. Sie begrüßten sich dann gegenseitig mit »Gsund schauts aus« und – das war auch für die Eltern eine besondere Ehre – sie gaben sich sogar die Hand. Kein Lehrer, kein Hauptmann, nicht einmal ein Bischof wäre so begrüßt worden.

Unsere Neugier richtete sich auf Paulas dicke Tasche. Sie ließ sich mit dem Auspacken Zeit, um die Spannung zu erhöhen. Bevor sie den Reißverschluß aufzog, sagte sie immer. »S' ist halt nix Gscheids, was wir mitbringen, bloß daß wir dran gedacht haben, gell.« Und die Eltern antworteten mit dem Spruch: »Machts doch keine Umständ, ist doch nicht nötig.« Für uns Jungen war es aber nötig. Die Tante überreichte uns meistens zwei Dinge, etwas Süßes und etwas zum Spielen. Danach gab es einen Braten und zur Verdauung einen richtigen Kaffee. Frieda ließ sich nicht lumpen und zeigte vorher die Handvoll Bohnen, damit die Gäste sahen, für sie ist uns nichts teuer genug. Wir Kinder bekamen Kakao.

Es waren immer zwei herrliche Tage, länger konnten Paula und Franz nicht bleiben. Zum Festprogramm gehörte auch ein Besuch in der DRECKSCHÄNKE, dem vornehmsten Wirtshaus im ganzen Erzgebirge. Paula gab ihrer Schwester Frieda von ihrem Patschulli ab, damit die Leute auch riechen, wie fein wir heute sind.

Von den anderen Verwandten kamen nur einmal die Tante Ottilie und ihr Gatte, der Onkel Flasch. Den hätte ich nicht eingeladen, aber weil ich gerade die heilige Firmung über mich ergehen lassen mußte, bot sich der gallige Onkel als Pate an. Ich hätte nicht gedacht, daß der Geizkragen über seinen Schatten springen konnte. Er schenkte mir mit einer langen Rede eine Armbanduhr, die viel Geld gekostet haben soll. Das war für mich ein großes Geschenk

und für Vater eine Ausgabe von dem Geld, das Tante Ottilie verdient hat. Ich habe die Uhr nur an den Feiertagen
getragen. Und wenn wir nach dem Krieg nicht so großen
Hunger gehabt hätten, besäße ich sie heute noch.

ČECHOSLOVAKISCHE REPUBLIK.

Land _____ Böhmen _____ Schulbezirk _____ Neudek

Gemischte **Bürgerschule in** _____ Bergstadt Platten

Schuljahr 193_5_./3_6_.

ZEUGNIS
über das zweite Halbjahr.

Zahl: _9_

Otto Häuser,

geboren am _30. Mai_ 19_24_ zu _Pfaffenreuth_, _röm.-kath._ Religion,

polit. Bezirk _Karlsbad_,

Schüler _____ der _zweiten_ Klasse, erhält hiemit nachstehende Noten:

Betragen: _lobenswert_
Wird aufgr. d. Erl. d. Min. f. Sch. u. V. v. 13.
Fleiß: _IX. 1935, Zl. 122.991/34-I nicht klassifiziert._

Verbindliche Gegenstände	Fortgang
Religion	lobenswert
Unterrichtssprache in Verbindung mit Aufsatzlehre	lobenswert
Bürgerkunde und staatsbürgerliche Erziehung	lobenswert
Geographie und Geschichte	befriedigend - lobenswert
Naturgeschichte und ~~Naturlehre~~	vorzüglich
Rechnen in Verbindung mit einfacher Buchführung	lobenswert
Geometrie und geometrisches Zeichnen	lobenswert
Freihandzeichnen	lobenswert
Schönschreiben	vorzüglich
Gesang	lobenswert
Knabenhandarbeiten	lobenswert
Weibliche Handarbeiten in Verbindung mit Haushaltungskunde	
Körperliche Erziehung	lobenswert
Unverbindliche Gegenstände Čechoslovakische Sprache	befriedigend
Französische Sprache	
Stenographie	

Äußere Form der schriftlichen Arbeiten: _sehr gefällig_

Zahl der versäumten Schulhalbtage: entschuldigt: _11_, nicht entschuldigt: _—_

Wird zum Aufsteigen in die höhere Klasse für _____ reif erklärt.

Bergstadt Platten _____, am _28. Juni_ 193_6_.

Amtssiegel:

Franz Seip   _Karl Müller_
Direktor.   Klassenvorstand.

NOTENSTUFEN.	Betragen	Fleiß	Fortgang	Äußere Form der schriftlichen Arbeiten
	lobenswert	ausdauernd	vorzüglich	sehr gefällig
	befriedigend	befriedigend	lobenswert	gefällig
	entsprechend	hinreichend	befriedigend	minder gefällig
	minder entsprechend	ungleichmäßig	genügend	nicht gefällig
	nicht entsprechend	gering	nicht genügend	nachlässig

D. 1232/1934.   Staatliche Verlagsanstalt in Prag. — 719.

ČECHOSLOVAKISCHE REPUBLIK.

Land: Böhmen   Gau: _____   Schulbezirk: Neudek

Schuljahr: 19__/__   Zahl: 4

~~Knaben-~~
~~Mädchen-~~   Bürgerschule in   ~~Bergstadt Platten~~
Gemischte

ZEUGNIS.

Otto Häuser

geboren am *10. Mai* 19*24* zu *Frankau*

in *Böhmen von Reif* Religion, überhaupt in die

Schule eingetreten am *1. September 1930*, hier am *1. September 1935*,

Schüler — der dritten Klasse, erhält hiemit über das *I.* Halbjahr des Schul-

jahres 19*35/36* nachstehende Noten:

Betragen: *lobenswert*

Fleiß: Wird aufgr. d. Erl. d. Min. f. Sch. u. V. v. 13.
6. 1935, Zl. 125.991/34-I nicht klassifiziert.

Aus den einzelnen Lehrgegenständen:

Verbindliche Gegenstände	Fortgang
Religion	*lobenswert*
Bürgerkunde und Bürgererziehung	*vorzüglich*
Unterrichtssprache	*lobenswert*
Geographie	*lobenswert*
Geschichte	*vorzüglich*
Naturgeschichte	
Naturlehre	*lobenswert*
Rechnen mit einfacher Buchführung	*befriedigend*
Geometrie und geometrisches Zeichnen	*befriedigend*
Freihandzeichnen	*befriedigend*
Gesang	
Handarbeiten	*lobenswert*
Körperliche Erziehung	*vorzüglich*

Unverbind-liche Gegenstände	Böhmische Sprache	*lobenswert*
	Französische Sprache	
	Kurzschrift	*vorzüglich*

Äußere Form der schriftlichen Arbeiten: *sehr gefällig*

Zahl der versäumten halben Schultage, entschuldigt *13*, nicht entschuldigt *0*.

Bergstadt Platten , den *22. Juni* 192*8*

Karl Müller /s. Direktor

Böhnel Willi Klassenvorstand

Noten-stufen.	Betragen	Fleiß	Fortgang	Äußere Form der schriftlichen Arbeiten
	lobenswert	ausdauernd	vorzüglich	sehr gefällig
	befriedigend	befriedigend	lobenswert	gefällig
	entsprechend	hinreichend	befriedigend	minder gefällig
	minder entsprechend	ungleichmäßig	genügend	nicht gefällig
	nicht entsprechend	gering	nicht genügend	nachlässig

D. I. B) 35/1926. Staatliche Verlagsanstalt in Prag. — 494.

»Opa, wie warst du in der Schule?«

Diese Frage hab ich von meinen Enkeln schon lange erwartet. »Ach wißt ihr«, versuchte ich abzulenken, »das ist jetzt schon mehr als 60 Jahre her, wie soll ich das noch wissen. Fragt mich was anderes.«

»Darüber sprichst du wohl nicht gern?«

»Also, so schlecht war ich nicht, aber ich hätte besser sein können.«

Der Junge und das Mädchen sahen mich vielsagend an, als hätten sie diese Antwort erwartet. Vielleicht haben sich ihre Eltern, also meine Kinder ebenso ungenau ausgedrückt. »Ein Zeugnis hast du wohl nicht mehr?«

Anlügen wollte ich sie nicht. »Wenn ihr wieder zu mir kommt, kann ich einige zeigen. Irgendwo müssen sie liegen.«

Kinder vergessen solche Versprechungen nicht. So wühlte ich tagelang in Mappen, bis ich sie fand. Es waren Zeugnisse aus der Bürgerschule und noch eins aus der gemischten Volksschule. Die Kinder griffen nach den urkundengroßen Blättern, wunderten sich über die seltsamen Ausdrücke, die vielen Fächer und die Zensuren in Worten. Die Noten von 1 bis 5 hießen vorzüglich, lobenswert, befriedigend, genügend, nicht genügend; die Noten für schriftliche Arbeiten lauteten: sehr gefällig, gefällig, minder gefällig, nicht gefällig, nachlässig. Und die Zensuren in Betragen reichten von lobenswert bis »nicht entsprechend«.

Die Gören prüften wie strenge Lehrer. »Na ja, Opa, vorzüglich warst' selten, dafür um so öfter in vielen Fächern lobenswert, in »Freihandzeichnen« aber nur befriedigend. Du kannst doch so schön zeichnen und malen. Waren deine Lehrer so streng oder warst du zu faul?«

»Zeichnen war sogar mein Lieblingsfach. Aber ich malte immer, was ich wollte und nicht, was ich sollte. Meine Spezialität waren Eisenbahnen, Pferde, Hirsche, Hasen, Berge und Täler, Blumen und Weihnachtsbäume. Aber der bucklige Zeichenlehrer wollte nur Stilleben, meistens Schalen mit Obst aus Wachs oder Gläser mit Karaffen. Einmal hat ein Mitschüler das Obst zerschnippelt und ein anderer in die Karaffe gepinkelt. Der Lehrer wurde darüber so wütend, daß er die Obstreste uns an den Kopf warf und die Gläser an die Wand schmiß. Zeichnen hat keine Freude bei ihm gemacht, er ist vielleicht deshalb zu recht gestorben. Im letzten Jahr bekamen wir eine Lehrerin. Sie ließ fast nur Menschen zeichnen, genauer Porträts. Ein Schüler mußte sich vorne hinsetzen, wir anderen malten ihn ab. Ich porträtierte die Lehrerin. Sie betrachtete mein Kunstwerk eingehend und meinte: »Ein bißchen ähnlich ist es mir, aber habe ich wirklich so stechende Augen, eine so lange Nase und verschrumpelte Ohren?« Sonst war sie nicht beleidigt.

»Hattet ihr auch Religion?«

Allerdings, bei uns war das Pflicht. Das Fach wurde von einem Pfarrer oder Kaplan unterrichtet. Beim Pfarrer mußten wir den Kathechismus, eine Art Lehrbuch, auswendig lernen. Er war streng und grob. War er mit einer Leistung nicht zufrieden, setzte es Ohrfeigen und Abschreibeübungen. Manche Schüler mußten sich an der Tafel auf ein kantiges Holzscheit knien und Texte in dieser Haltung laut vorlesen. Der Kaplan erzählte uns wenigstens etwas aus der Kirchengeschichte, zu den Mädchen war er liebevoll und stellte sich ganz dicht an sie, wenn er sie ansprach.

»Und warum hast du fast immer die Note Lobenswert bekommen, Opa?«

»Bei dem Alten, weil ich aus Angst vieles auswendig lernte, bei dem Jungen, weil ich ihm gern zuhörte. Geschichte war auch mein Lieblingsfach.« Daß ich in »Körperlicher Erziehung«, also Sport, immer wenigstens eine Eins oder Zwei hatte, fanden die Enkel auch lobenswert oder sogar »vorzüglich«.

»Und in Fremdsprache hattet ihr zwei, Čechoslovakisch und Französisch!«

»Das Č mit Häkchen spricht man wie Tsch und das V wie W. Seht mal, ganz oben steht das Land, in dem wir wohnten, einmal auf tschechisch und einmal auf deutsch geschrieben. Eigentlich stimmt das nicht genau. Tschechisch war eine Sprache für sich und Slowakisch auch. Im Haus eines meiner Freunde wohnte ein Slowake, und sein Sohn saß in der Dorfschule ein Jahr lang neben mir. Der konnte vier Sprachen, Tschechisch, Slowakisch, Deutsch und eine, die kein Mensch verstand. Wir nannten den Jungen Zigeuner. Er hatte schwarze lockige Haare, eine dunklere Hautfarbe und konnte alles, was ich auch gern gekonnt hätte: Zauberkunststücke mit Karten, Messer an Holzwände und Baumstämme werfen, manchmal drei untereinander oder nebeneinander, fingerbreit entfernt. Pfeifen konnte er auf vier Fingern und Trommeln schlagen, sein Vater spielte in Gasthäusern Geige und andere Instrumente. Nach Hause durfte ich den Jungen nicht mitbringen, meine Mutter sagte immer, Zigeuner stehlen. Janosch stahl aber nicht, nur wenn er Hunger hatte. Er sprach aber erzgebirgisch wie wir, nur etwas zu lange Vokale. So schrieb er auch. Ich hab ihn nach der Schulzeit nicht mehr gesehen.«

»In tschechoslowakischer Sprache hattest du aber immer eine Drei, befriedigend.«

»Ach wißt ihr, das lag am Lehrer. Immer nur Vokabeln pauken, so richtig sprechen lernten wir nicht. Als ich einen Onkel im Böhmischen besuchte, der war bei der Eisenbahn, da redeten sie zu Hause auch tschechisch. Der hatte zwei Jungen, so alt wie ich und mein Bruder. Von denen lernte ich alle Schimpfwörter. Als mich der Tschechisch-Lehrer einmal an den Ohren hoch zog, weil ich nicht aufgepaßt habe, sagte ich vor Schmerz zu ihm. »Vyschmi br…,« na eben solch ein Schimpfwort. Zum Glück hat er es nicht verstanden, er war eben ein deutscher Tschechisch-Lehrer.«

»Was heißt das, wischibrr?«

»Hattest du eine Freundin an der Bürgerschule?«

»Ich war zu schüchtern, vielleich auch zu ängstlich. Na ja, eine gefiel mir schon. Da war ich 14 Jahre. Das war das modernste Mädchen an der Schule. Jeden Tag hatte sie ein anderes Kleid an und einen richtigen Busen hatte sie auch schon. Na ja, soweit man ihn halt sehen konnte. Immer, wenn ich sie im Flur oder auf dem Schulhof sah, ging ich an ihr vorbei und schaute sie an. Wenn sie in meiner Klasse gewesen wäre, hätte ich ihr vielleicht ein Gedicht geschrieben und es ins Lesebuch oder in ein Heft geschoben. In Schönschreiben hatte ich fast immer eine Eins, in Mathematik hätte ich nicht helfen können. Nachdem ich einige Wochen lang ihren Weg gekreuzt hatte und sie mich auch anschaute, faßte ich mir ein Herz und drückte ihr einen zusammengefalteten Zettel im Vorbeigehen in die Hand und rannte schnell weg. Mir brannte mein Kopf, so aufgeregt war ich. Erst am nächsten Tag wagte ich es wieder, ihr zu begegnen.«

»Und? Hast du sie geküßt, Opa?« wollte die Enkelin wissen.

»Um Himmels willen nein. So was durften wir nicht. Das hätte sich gleich im ganzen Erzgebirge rumgesprochen, und auf dem Zeugnis hätte in Betragen gestanden: nicht entsprechend. Das kommt einer Todsünde gleich.«

»Was hast du denn auf den Zettel geschrieben, Opa?«

»Ach, das weiß ich nicht mehr.«

»Jetzt bist du feige!«

»Feige war ich nicht, hab mich ganz schön mit anderen Jungen geprügelt.«

»Hast du dem Mädchen ein Gedicht geschrieben, von Liebe und so?«

»Na ja, nicht ganz, mehr so versteckt. Ein Naturgedicht. Immerhin hatte ich in Biologie zweimal die Note vorzüglich. Ich beschrieb eine Lerche, die im Frühnebel aus dem Morgentau aufsteigt und den Schulweg erfreut. Ich glaubte, das Mädchen muß diese feine Anspielung doch verstehn. Aber sie reagierte ganz anders. Sie zeigte im Kreis ihrer Schulfreundinnen auf mich, und alle lachten mich aus. Da war die Liebe auch vorbei.

Ich wollte ihr gleich noch ein Gedicht schreiben und sie darin mit einer Nebelkrähe vergleichen, aber dann dachte ich, diese Anstrengung ist sie nicht wert.«

»Und wer waren an dieser Schule deine Freunde?«

»Der beste war der Hutschenreiter Willi. Wir trafen uns immer auf halbem Schulweg, er kam aus einem anderen Dorf. Willi war kleiner als ich, in seinem Rucksack schleppte er nicht nur alle Schulbücher und Hefte mit, sondern auch ein Fernrohr, das angeblich von einem seiner Großväter stammte, der zur See fuhr. Außerdem trug er oft Steine von einer Abraumhalde und aus einem verschütteten Stollen bei sich, die er gegen Stullen tauschte.

Er hatte mindestens, wenn ich mich bei einem Besuch nicht verzählt habe, noch acht Geschwister. Er hätte das

Schulgeld gar nicht bezahlen können, aber sein Dorflehrer war sein Pate. Willi war, wie man heute sagen würde, ein Aß in allen Fächern. Mit ihm konnte ich mich über Sterne, Steine, Werkzeuge der Bergleute, Orgelpfeifen, gutes und schlechtes Wetter, verschiedene Berechnungen unterhalten. Er saß in der Bürgerschule neben mir und schob mir heimlich Zettel zu, so daß ich in Mathematik, besonders in der Algebra und in der Naturlehre im Zeugnis doch noch auf eine Drei rutschte. Viel später, als ich längst nicht mehr zur Schule ging, soll Willi in Prag studiert haben.

Der andere war der Kraus Karl. Der einzige von den Reichen aus unserem Dorf, der ein Fahrrad besaß. Zur Schule mußte er tüchtig strampeln, denn da ging es immer bergauf, aber nach Hause durfte ich mich bei ihm auf die Lenkstange setzen. In einer Viertelstunde war ich daheim, wozu ich sonst eine Stunde gebraucht hätte. Das einzige, was mich an ihn störte, war seine Angeberei. In der ganzen Welt soll er Verwandte gehabt haben, sogar in Amerika und Indien. Aber als sein Großvater starb, standen in der Traueranzeige nur welche aus Hamburg, Prag und Wien. Die anderen waren vielleicht mit der Familie verkracht. Ich hätte Karl ja gern mal in seiner Villa besucht, aber seine Eltern wollten nicht, daß er Kinder von armen Schluckern ins Haus mitbringt. In der Schule nannten viele den Karl Professor, weil er eine Brille aus goldenem Gestell hatte, aber in »Rechnen in Verbindung mit einfacher Buchführung«, so lautete ein Fach, auch in »Geometrie und geometrisches Zeichnen« war er eine viel größere Niete als ich, nur »genügend«. Er war der einzige in unserer Klasse, der sich für den Unterricht extra einen Kittel anfertigen ließ, damit sein Anzug nicht mit Kreidestaub verschmutzt wurde. Wie ein englischer Lord stolzierte er in seinen Knickerbockern dahin, und wenn er sprechen mußte, unterbrach er jedes dritte

Wort mit »äh«. Wenn er noch leben sollte, dann besucht er seine Verwandten bestimmt jedes Jahr in allen fünf Erdteilen.

Sonst gab es in unserer Klasse ehrenwerte Kumpels bis auf einen, der eine Kapelle ausgeraubt hat, und einem Mutterknäblein, das immer weinte und einem Mädchen, das in der neunten Klasse die Schule wegen Schwangerschaft verlassen mußte. Das Schulvolk kam aus vielen Orten des Erzgebirges. Habt ihr noch Fragen?«

»Nee«, sagten meine Enkel, »uns reichts.«

»Na, dann kommt bald mal wieder, oder schreibt mir einen Brief, meinetwegen in Stenographie!«

»Das lernen wir doch nicht in der Schule, Opa.«

Aber wir lernten es in der 8. Klasse schon. Das sagte ich ihnen aber nicht, sonst nennen sie mich auch einen Angeber.

Der Fund auf dem Dachboden

Das Konsum-Haus, in welchem wir wohnten, hatte mehrere Räume. Im Erdgeschoß war der Verkaufsladen, er nahm die gesamte Vorderseite des Gebäudes ein, dazu gehörte auch ein Raum, den Vater Lager nannte und wo aus Säcken Mehl, Zucker, Salz in kleine Tüten verpackt wurden. Vater wog die Portionen ab, Mama Frieda und mit zunehmendem Alter auch ich mußten die Tüten falten und in die Regale des Ladens stellen. Ich entwickelte darin eine Fertigkeit, die Vater mit dem Lob »so ist es richtig« begleitete. Er lobte selten, schon gar nicht bei meinen Zeugnissen.

Im oberen Stockwerk wohnten wir, viel schöner als in meinem Geburtshaus. Dort hatten wie nur eine kleine Stube, hier aber eine Küche so groß, daß bequem noch ein großer Tisch mit fünf Stühlen und ein Diwan zum Ausruhen Platz fanden. An einer Wand war sogar ein Bücherregal, das Vater selbst gebaut hatte. Ich erinnere mich an die Namen Ludwig Ganghofer, Ludwig Anzengruber und Peter Rosegger, dessen Buch ich schon als 12jähriger gelesen hatte. Es hieß: »Als ich noch der Waldbauernbub war«. Die anderen waren politisch, die verstand ich nicht.

Ein Kruzifix hing nicht an der Wand, dafür ein Spiegel über dem Hocker mit der Waschschüssel und ein lederner Riemen, an dem Vater jeden Tag sein Rasiermesser wetzte. Um die Schärfe des Messers zu prüfen, riß er mir manchmal ein Haar aus, ließ es an zwei Fingern hängen. Ging die

Klinge glatt durch, war sie scharf genug. Auch eine Kommode gab es, deren Laden meistens abgeschlossen waren. Ich habe sie öfter kontrolliert, der Schlüssel lag in einer Dose mit der Aufschrift Tee, aber neben dicken Heften, ein paar Fotos und Briefen, Tinte, Federhalter, sogar einen Stempel, war nichts Aufregendes zu finden.

Neben der Küche gab es ein gleich großes Zimmer, nur zum Schlafen. Das teuerste Prunkstück war eine Nähmaschine, die Mama Frieda immer blank putzte und mit einem Deckel abschloß. Sie kannte meinen Bruder Anton, der alles Mechanische gern untersuchte und dabei einmal seinen Finger steppte.

Noch einen Raum gab es, schmal wie ein großes Handtuch, der von uns nicht bewohnt wurde. Dort versammelten sich manchmal Männer, meistens Genossen. »Heute haben wir Vorstandssitzung«, sagte Vater und schaute uns streng an, das hieß mit anderen Worten, wir sollen uns nicht sehen lassen. Für uns Kinder war das ohnedies zur Schlafenszeit.

Wir konnten fast überall rumschnüffeln, nur vor der Weihnachtszeit nicht. Schon gar nicht in der Wäschetruhe. Sie war so geräumig, daß darin auch Geschenke versteckt werden konnten. Wenn ich gefragt wurde, was suchst du schon wieder? hatte ich immer die wenig glaubwürdige Ausrede, daß ich ein Heft, ein Schulbuch oder einen anderen Gegenstand vermisse. Vater und Mutter waren sich dann einig, ihre Antwort lautete, ich solle gefälligst meine Sachen in Ordnung halten.

Eine Treppe zum Dachboden gab es nicht, nur eine Leiter, die an einem Haken im Flur hing. Die Dachluke war verriegelt und mit einem großen Vorhängeschloß gesichert. An manchen Tagen stieg Vater mit einer Taschenlampe, dort hinauf. Jeder Versuch, ihm zu folgen, war zwecklos, die Falltür konnte er auch vom Boden aus schließen. Warum dürfen wir nicht rauf, fragten wir, und bekamen immer dieselbe Antwort: Das sei zu gefährlich, dort lägen keine Bretter auf dem Fußboden, nur ein paar Balken, über die man balancieren müsse. Wir könnten durch die Stubendecke fallen oder uns die Knochen brechen. Das war natürlich glatt gelogen. »Und warum darfst du? Bist ja viel schwerer als wir!« Väter haben immer eine Ausrede. Er müsse nachsehen, ob die Halterung des Blitzableiters noch fest, das Dachfenster geschlossen und überhaupt das Schieferdach noch regendicht sei. Er, der Vater, sei verantwortlich für das Haus. Mit der Behauptung, er habe einmal ein Nest mit jungen Mäusen gefunden, konnte er mir schon gar nicht imponieren. Die hätte die Konsumkatze längst gefressen. Verbarg das immer wiederholte Verbot vielleicht ein Geheimnis? Lagen dort Knochen oder Totenköpfe? Ein Goldschatz? Eine gefährliche Waffe?

Einmal war das Vorhängeschloß nicht zu. Ich sah es auf den ersten Blick, mußte aber einen günstigen Moment abwarten, daß mir keiner, auch mein Bruder nicht in die Quere kam. Als Mutter hinterm Haus die Wäsche auf den Rasen zum Bleichen legte und sie mit einer Gießkanne begoß und Vater im Laden stand, holte ich die Taschenlampe, legte die Leiter an die Luke, öffnete sie und kroch auf den Dachboden. Brütend heiße Luft schlug mir entgegen, denn auch draußen knallte die Juni-Sonne auf das Dach. Durch das kleine halbrunde Fenster wurde der Boden etwas erhellt. Das Auge gewöhnte sich schnell an das Halbdunkel. In einem hatte Vater nicht geschwindelt. Man mußte auf Längs- und Querbalken gehen, dazwischen war der Boden mit grieseliger Schlacke gefüllt. Doch was sah ich in einer Ecke? Einen dunklen Lumpenhaufen, dazwischen leere Kartons, zwei große Reisekoffer und unter den Lumpen einen kleineren. Auch ein Stapel alte Zeitungen lag in der Ecke, schon vergilbt und verstaubt. Meine Neugier war nicht mehr zu bremsen.

In einem der großen Koffern fand ich eine altmodische Fahne aus Regenbogenfarben, Reste von eng beschriebenen Heften in einer altertümlichen Schrift mit verzierten Buchstaben, so klein, daß man sie kaum lesen konnte, auch ein Bügeleisen mit Öffnung, worin noch ein Eisen steckte, das mir fast auf die Zehen fiel und andere Gegenstände wie eine Puppe ohne Kopf, irgendwelche Fetzen von denen ich mir keinen Nutzen versprach.

Dann wühlte ich den kleinen Koffer aus den Lumpen hervor, in ihm befanden sich bedruckte Hefte und schmale Bücher, eines davon verbarg ich unter meinem Hemd. Auch Zahnpastetuben lagen im Köfferchen, zwei steckte ich in meine Hosentasche. Daß Vater sie nicht entdeckt hat, wunderte mich. Er ist doch sonst so sparsam, damit hätten wir ein halbes Jahr lang unsere Zähne putzen können. Ein ganzer Packen Zeitschriften war in einem Wischlappen eingewickelt, sie hießen Arbeiter-Illustrierte. Die werd' ich auch mitnehmen und unter mein Bett legen. Mit diesen Schätzen wollte ich zunächst verschwinden. Bei Vater mußte ich immer damit rechnen, daß er mich ruft oder sucht. Ich verließ den Boden, versteckte den Kram. Das Heft mit der Überschrift »Frisch, fromm, fröhlich, frei« werde ich zuerst lesen, danach untersuchen, ob die Paste noch weich ist. Als ich den Verschluß abgeschraubt hatte, kam nichts raus. Wohl schon hart geworden, die Paste, dachte ich, holte eine Stricknadel und stocherte rein, aber beim Drücken kam immer noch nichts heraus. Also säbelte ich mit dem schärfsten Küchenmesser auch den oberen Rand ab. Was ich sah, war keine Zahnpaste sondern hauchdünnes Papier, fest zusammengerollt. Als ich mit einer Pinzette daran zog, fielen gleich mehrere bedruckte Blätter zu Boden. Sie hatten alle dieselbe Überschrift: »Hitler will Krieg!« Das muß ich Vater zeigen, der redet immer gegen Hitler. Doch über diese Überraschung freute er sich nicht. Auch nicht über das schöne Heft, auf dem auch das deutsche Turnerabzeichen abgebildet war. »Wo hast du das her?!« brüllte er und schüttelte mich, als fielen von meinem Kopf reife Äpfel. Kleinlaut gab ich zu: »Vom verbotenen Dachboden.«

Vater ließ mich los, beruhigte sich auch und sagte: »Das darfst du niemandem sagen, auch Mama Frieda nicht, niemandem, hörst du?« Sein Gesicht war nicht mehr rot vor Wut, eher blaß. Ich habe es ihm versprochen, denn auch im Turnerheft war ein ganz anderer Text, von einem Herrn Lassalle oder so. Nein, ich werde es niemandem erzählen und hielt mein Versprechen.

Ich verstand jetzt, warum Vater manche Nächte oft stundenlang unterwegs war. Er schmuggelte nicht nur Zigarren und Butter, auch Flugblätter und verbotene Schriften über die Grenze nach Sachsen.

Der Dachboden war zwei Tage später nicht mehr abgeschlossen, wir konnten als Jungen ruhig raufklettern, »aber vorsichtig, nur auf den Balken gehen, sonst brecht ihr ein und verletzt euch!« Es war sogar aufgeräumt, die Lumpen und Kartons verbrannt, der kleine Koffer verschwunden.

Trotzdem entdeckte ich zwischen den Dachsparren etwas ganz gefährliches – ein verrostetes Bajonett aus dem Ersten Weltkrieg. Ich ließ es dort liegen. Sicher ist sicher.

Butterbrot und Schelte

An der Grenze von Böhmen und Sachsen wurde auch geschmuggelt. Die Schmuggler nannten sich Pascher. Es gab kaum einen, der nicht versucht hat, etwas von hüben nach drüben und umgekehrt zu paschen. Auch mein Vater gehörte dazu. Die Grenzer am Schlagbaum winkten nur mit der Hand, sobald ein Grenzgänger einen Passierschein vorzeigte, den man für ein Jahr kaufen konnte. Viele kannten sich, sagten »Glück auf!«, Vater spendierte manchmal dem Posten eine Zigarre, die im Böhmischen billiger war, so kam er leichter mit dem tschechischen Geld über die Grenze, das er in seinen Taschen versteckt hatte. Wenn ich mich recht erinnere, wurden acht Kronen zu einer Mark umgetauscht oder umgekehrt. Das waren Kleinigkeiten.

Die Grenze wurde nicht streng überwacht. Im Wald war vielleicht ein zugewachsener Graben und nach hundert Metern ein Grenzstein aufgestellt. Pilzsucher sprangen hin und her, selten war ein Grenzposten zu sehen. Gelegentlich spazierten zwei dort entlang, denen man unauffällig ausweichen konnte.

Das wurde anders, als in Deutschland die Nazis an die Macht kamen. Die waren besonders streng und begleiteten in ihrer SA-Uniform die gemütlichen Grenzer. In Deutschland wurde manches sehr viel teurer, zum Beispiel Butter. »Kanonen statt Butter« – hieß es auf einem Flugblatt, das nach »drüben« geschmuggelt wurde. Die braunen Hilfsgrenzer waren scharf auf die Pascher, die neben Butter auch Flugbätter rüber transportierten. Mit Butter tauschte Vater lieber Fischkonserven, mit Klöppeldeckchen Batterien ein, also was Praktisches.

Butter war bei uns zwar billiger als in Sachsen, aber wer konnte sich im armen Erzgebirge schon Butter leisten. Die gab es vielleicht an besonderen Feiertagen, sonst bestrichen wir die Brote mit Margarine oder Affenfett, so wurde das noch billigere Schmalz genannt, das in Lebensmittelfabriken hergestellt wurde.

Neben mir saß in der Volksschule ein Bauernjunge. Ich fragte ihn einmal, warum er zum Brot eine Karotte statt Wurst ißt. Und warum er auf den Stullen Margarine statt Butter hat. Er schaute mich dumm an und meinte, Butter mag er nicht, Margarine schmeckt besser, und aus Wurst macht er sich gar nichts. Er trinkt auch keine Milch, lieber frisches Wasser oder Kakao, das gäbe es aber selten. Ist zu teuer.

Das wunderte mich. Ich hatte auch nur Margarine auf dem Brot, und Wurst gab es vielleicht nur einmal in der Woche, und statt Kuhmilch mußten wir Kinder Ziegenmilch trinken, weil die angeblich am gesündesten war. Aber Bauern ohne Butter und Wurst, das konnte ich mir nicht denken.

Gustl, so hieß der Junge, hat mir das erklärt. Die Bauern müssen Milch und Butter und Fleisch verkaufen. Seine Mutter geht einmal in der Woche ins Dorf mit einem großen Korb und bietet bei Leuten, die genug Geld haben Milch, Schmetten (das ist Rahm), frischen Quark und sogar Fleisch und Wurst an. »Bei uns war sie aber noch nicht«, sagte ich, »ich esse furchtbar gern Wurst und Butter. Kann sie nicht auch zu uns kommen?«

Das redete ich so dumm dahin, ohne nachzudenken.

Gustl muß das seiner Mutter erzählt haben. An einem Samstag, Vater hatte gerade den Konsum geschlossen und Mama Frieda war beim Aufwischen, kam eine Frau mit Buckelkorb und sagte: »,Ich habe gehört, Sie möchten auch von mir etwas kaufen.« Sie war sehr freundlich, nannte ihren Namen und den von »Gustl«, der in der Schule neben mir sitzt. Der Gustl hat sie begleitet und fragte gleich nach mir.

Das war eine Überraschung, mehr für die Eltern als für mich. Vater rief mich, stellte mich zur Rede, Mama Frieda ließ den Wischlappen fallen, während die Bauersfrau schon ein Tuch auspackte, in welchem Butter lag, nicht gewöhnliche, sondern geformte. Das größere Stück sah wie ein Tannenzapfen aus, das kleinere wie ein Lämmchen. Schön sah das aus, Mama Frieda roch gleich daran. Die Bauersfrau wollte auch noch Schmetten auspacken, aber Vater sagte, ist schon genug. »Na ja«, meinte er, »das Lämmchen können Sie ja mal zum Probieren hier lassen.« Die Bäuerin bedankte sich, sagte, was das kostet und zu mir: »Besuch doch mal den Gustl. Kannst mal unseren Hof ansehen.«

Als sie draußen waren, kannte ich den freundlichen Vater nicht mehr wieder. Er schüttelte mich und schrie: »Was fällt dir ein, diese Frau zu uns zu schicken! Schwimmen wir vielleicht in Geld? Wir essen auch nur Margarine, Butter ist teuer!« War Vater wütend. Er verbot mir auch, den Bauernhof zu besuchen.

Mama Frieda stand mir bei: »Hat der Otto doch nur gut gemeint, beschimpf ihn nicht so. Wie heißt der Junge, der mit dir zur Schule geht?«

»Kachler Gustl.«

Vater knurrte: »Einen Kachler kenn ich nicht, kauft bei mir im Konsum nicht ein.«

Mutter widersprach ihm: »Warum soll der Otto nicht einen Bauernhof anschaun. Kann er nur was lernen. Und wenn der Gustl sein Freund ist, kannst du nicht verbieten, ihn zu besuchen.«

Selten widersprach Mutter dem Vater, aber wenn sie eine Ungechtigkeit uns Kindern gegenüber spürte, sagte sie es. Jedenfalls gab er nach und ergänzte: »Mach mir nicht wieder Geschäfte, sonst ...« Das weitere konnte ich mir denken.

Als ich vom ersten Besuch zurück war, fragten mich die Eltern: Na, wie war's. Erzähl mal. Ich war ganz begeistert und sprudelte aus mir heraus, was ich erlebte: Also das war interessant. Gustls Eltern haben fünf Kühe, zehn Schafe, Hühner, Gänse, einen Truthahn, der beißt, und sogar Schweine, die sich in einer Schlammkuhle wälzten. Deshalb heißen sie auch Schweine oder Säue. Und wißt ihr, wo das Wasser herkommt?

Na sicher aus einer Pumpe.

Falsch. Es kommt direkt aus einer Quelle hinterm Hof, läuft durch ein Rohr ins Haus, in einen Steinbottich im Flur, in welchem Milchkannen und Tontöpfe stehen. Ganz sauberes Wasser. Von dort aus fließt es weiter durch ein Rohr in eine Tränke für die Pferde und Kühe, und wenn die voll ist, in einen kleinen Deich, wo die Gänse manchmal schwimmen und wir abends die Füße gewaschen haben.

Na so was.

Und wißt ihr, die haben im Flur, in der Küche und in der großen Stube kein Linoleum wie wir, sondern feinen, weißen Sand gestreut. Den fegen sie abends weg, und der nimmt auch den Dreck mit. Da sparen sie Seife.

Was du nicht sagst. Mama Frieda riß vor Staunen die Augen auf.

Aber das ist noch nicht alles. Wißt ihr, wie man Butter macht? Das geht so vor sich. Erst wird die Milch geseiht (gesiebt), dann bleibt sie eine Weile im Bottich stehen. Dann

Wir waren allesamt sehr schöne Kinder in der 2. Klasse der Petschauer Schule. Der Herr Direktor gab uns die Ehre, und unser Klassenlehrer in frommer Sitzhaltung war die Zierde der jungen Lehrer.

Hoch am Gebirgskamm, wo immer ein scharfes Lüftchen weht, liegt Bergstadt Platten (Horny Blatná). Im Hintergrund rechts die alle Häuser überragende »Bürgerschule«, die ich ab der 5. Klasse besuchte. Ein täglicher Schulweg von 10 Kilometern hin und zurück.

Diese seltene Urkunde von der Gründung des Konsumvereins Petschau
schenkte mir die Enkelin eines der Gründungsväter. Die Herta, so
heißt sie heute noch, ging mit mir zur Schule und wollte darauf aufmerksam machen, wie schön schnörkelig früher geschrieben wurde. Bitte
besonders den Absatz über den Verkauf von Schnaps zu beachten.
Deshalb gab es in den zwanziger Jahren so wenig Verkehrsunfälle.

wird der Schmetten abgeschöpft. Dann kommt er in ein hohes Holzfaß, in welchem sich ein Stampfer befindet.

Der Schmetten?

Na ja, so ungefähr. Auch Milch ist dabei. Dann wird so lange gestampft, bis ein großer Klumpen entsteht. Der wird rausgehoben, das ist Butter. Die Milch, die übrig bleibt, ist etwas bläulich und dünn mit kleinen Klümpchen. Das ist Buttermilch. Die schmeckt. Wenn man dazu einen Ranft Brot mit Butter ißt, kann man alles vergessen.

Ich hätte das nicht so genau erzählen können, wenn Vater das so nicht öfter nacherzählt hätte. Und manche, die zu Besuch waren, lachten dabei, obwohl es nichts zu lachen gab. Ich habe das sogar nachgemalt, das Gemälde hob Mama Frieda lange auf.

Ich durfte sogar mit Bruder Anton zum Bauernhof. Vater hatte nichts mehr dagegen, im Gegenteil. Die Eltern vom Gustl kamen mit einem kleinen Wagen manchmal beim Konsum vorbei und kauften hier Zucker, Kukuruz (so wurde bei uns der Mais genannt), Gewürze, Kerzen, Petroleum und andere Nahrungsmittel, die bei uns billiger waren als im Kolonialwarenladen. Die Bauersfrau sagte, wir Jungen würden uns gut verstehen, der Anton hat keine Scheu vor Dreckarbeit, und ich helfe dem Gustl bei den Schulaufgaben.

Na also!

Sommerspiel im Wasser und im Heu

An heißen Sommertagen hatten wir Kinder Lust zum Baden. Aber wo? Der einzige Bach, der nicht schnell austrocknete, war der Schwarzwasserbach, der von vielen Quellbächlein aus den umliegenden Bergen gespeist wurde. Aber die mehr oder weniger großen Steine erlaubten auch nur ein Waten im Wasser, an manchen Stellen vielleicht ein Tauchen bis zum Bauchnabel. Wir wußten uns zu helfen, indem wir einen künstlichen Damm aus Steinen, angeschwemmtem Holz und Strauchwerk bauten und so den Bach etwas stauten. Immerhin konnten wir uns stellenweise in den Vertiefungen bewegen. Alle Kinder, die nicht wasserscheu waren, versammelten sich dort, die kleinen nackt, wir größeren hatten ein Clothhose an, die schnell wieder trocknete.

Eines Tages tauchte auf unserem Ferienplatz öfter ein Mann aus Johannstadt auf. Er hatte einen kleinen Fotoapparat bei sich, den man bequem in die Hosentasche stecken konnte. Freundlich war er, machte Scherze und knipste uns von allen Seiten. Besonders den Kleinen war er zugetan. Sie mußten ihm vorturnen, durch die Beine von hinten gucken, eine Brücke bauen oder auf allen Vieren krabbeln. Die größeren Jungen fotografierte er auch, aber weil wir immer freche Faxen machten, ließ er uns in Ruhe.

Irgend jemandem muß der freundliche Herr schon aufgefallen sein, denn eines Tages standen zwei Gendarmen hinter ihm, nahmen ihm den Fotoapparat weg und führten ihn gefesselt ab. Merkwürdig war das schon.

Im Wirtshaus »Zur Halde« wußten die Biertrinker schon mehr. »Vielleicht war das ein Spion.« So dicht an der Grenze ist Knipsen nicht erlaubt, sagte der alte Kubitza. Der mußte es wissen. Seine Kriegsgeschichten erzählte er immer wieder, besonders die, als er hinter der italienischen Front einen nackten Mann aus dem Fenster eines Hauses springen sah. Das muß ein Spion sein, sagte er sich als Sergeant, und verfolgte ihn. Er nahm ihn fest, der Mann zitterte und redete auf ihn ein, aber er mußte ihm in das Haus folgen, aus dessen Fenster er sprang. Und wißt ihr wer das war? Der Feldkaplan bei der Liebsten des Hauptmanns. Er hörte ihn die Treppe raufpoltern, da konnte der Heilige nur noch nackt aus dem Fenster springen. Diese Geschichte kannte schon jeder, nur war der Liebhaber mal der Fourier, mal der Kompanieschneider, der dort nähte, mal der Feldkurat, mal ein Maketender. Auch die Liebsten wechselten bei ihm. Mal hatte er sogar eine Künstlerin vom Fronttheater gleich mitverhaftet. Die war aus Wien und die Frau eines Generals.

Aber der Fotograf war weder nackt noch wild, das konnte kein Spion sein.

An diesem heißen Sommer lud uns auch ein Mitschüler aus der Bürgerschule, der Johann, ein. Wir waren zu viert. In Gottesgab hatte sein Onkel ein Gasthaus und ein Gespann. Vater gab mir die Erlaubnis, nur sollte ich eine Decke mitnehmen, auch Seife und Zahnbürste. Es war sehr schön, wir machten uns ein Feuerchen hinter der Scheune und redeten viel. Nein, Alkohol tranken wir nicht, nicht einmal Bier. Der Onkel war nämlich sehr fromm und hieß uns auch früh schlafen gehen. Wir konnten im Heu einen

Platz suchen. Ich schlief schnell ein, das Heu duftete, einer von uns schnarchte.

In der Nacht wurde ich von Schreien und Winseln geweckt. Es hörte sich an, als wenn zwei sich raufen. Mit dem Schlaf war es vorbei. Manchmal weinte die helle Stimme auf, und die tiefe stöhnte, wahrscheinlich vor Schmerz. Komisch, daß keiner von den anderen Jungs das hörte. Doch beim Aufstehen sah ich nirgendwo Blut oder ein Messer. Ich erzählte es auch dem Johann. Er habe nichts gehört, sagte er, aber ich soll es lieber nicht den anderen erzählen, die lachen dich aus.

Das wollte ich dann auch nicht. Ich mach zwar jeden Spaß mit, aber auslachen laß ich mich nicht gern. Da bin ich empfindlich.

Im Land der Spucknäpfe

Es gab schon Sonderbares in meiner alten Heimat, das die Kinder von heute wahrscheinlich nicht kennen. Spucknäpfe. In jedem Klassenzimmer standen sie, in Fluren und auf Treppenabsätzen. Das waren kleine, runde Schalen aus emaillierten Metall, die zum Spucken einluden. Wer also den Drang verspürte, auszuspucken, hing seinen Kopf über das schmucke Gefäß und wurde mit mehr oder weniger Nachdruck durch die Speichelmuskeln seine unerwünschte Flüssigkeit los. Aber so einfach war das nicht, spucken ist nämlich eine Kunst. Man mußte schon genau zielen, denn die Rundung für den Abfluß war höchsten zehn Zentimeter im Durchschnitt. Spucknäpfe standen auf dem Fußboden, was den Spuckvorgang noch erschwerte.

Aber nicht nur Schulen waren mit diesem nützlichen Gerät ausgestattet. Auf der Post, in Warteräumen der Bahn, beim Arzt, also überall, wo Leute an Schreibtischen saßen, erinnerten Spucknäpfe daran, sich anständig zu benehmen. Wie leicht könnte nach wildem Umherspucken jemand ins Rutschen kommen und sich einen oder mehrere Knochen dabei brechen. Spucken ist ja gesund, aber halt nicht überall.

In den vielen langen Schuljahren ist mir aufgefallen, daß der Spucknapf nie voll wurde, auch wenn er immer mit frischem Wasser halb gefüllt wurde. Das war notwendig wegen der Reinigung. Das taten meistens die dafür angestellten Reinigungsfrauen oder andere Spezialisten. Uns Kindern war es sogar verboten, diese Schalen auszuspülen. Vielleicht wurde auch zu wenig gespuckt. Manchmal schwammen in der Zierschale Essenkrümel, Obstkerne, Papierschnitzel, die in der Hosentasche keinen Platz mehr fanden. Die Lehrer haben das zwar untersucht, aber nicht so gründlich. Nur einmal mußten wir uns in der 7. Klasse um den Spucknapf stellen und die Frage beantworten: Wer war das? Im sonst noch reinen Wasser schwamm eine Zigarettenkippe. Der Farbe nach konnte es nur eine billige Zora sein, ich gaube nicht, daß einer von uns schon die teure Memphis rauchte. Lehrer Hochmuth schaute alle nacheinander aus seinen Augenschlitzen an, aber nicht ein einziger hob den Finger. Das ist peinlich für einen Lehrerdetektiv. Auch als wir alle Taschen entleeren mußten, der Täter konnte nicht gefunden werden.

Nur ein einziges Mal erlebte ich eine Vollspucke. In der Turnhalle unserer ehrwürdigen Bürgerschule versuchte nach gutem Zureden des groben Turnlehrers der dicke Löffler Josef die Sprossen an der Leiterwand zu erklimmen. Er hatte die halbe Höhe schon erreicht. Da sprach der deutsche Turnlehrer gütig, der Lahmarsch soll sich endlich wieder herunterbewegen, es wollen noch andere auf die Leiter. Das hat wahrscheinlich den Löffler Josef nervös gemacht, so daß er die vierte Stufe verpaßte, an der dritten ausrutschte und an der achten Sproße mit dem Kinn aufschlug, daß wir alle ein dumpfes Knacken hörten. Und einen Wehruf, der uns erzittern ließ.

Lehrer Grobian hob den Josef sanft von der Leiter, und was sahen wir mit Schrecken? Josef blutete aus seinem rosigen Mund. Zwei andere schwere Jungen, die aber noch gelenkig waren, führten den armen Josef zum Spucknapf, den er fast eine halbe Stunde lang mit blutigem Schleim füllte.

»Du Sau!« sprach Lehrer Grobklotz etwas ungehalten, »und wer soll die Schweinerei um dem Spucknapf jetzt wegwischen?« Keiner traute sich zu sagen: Na Sie! Als Schüler dürfen wir ja nicht einmal Spucknäpfe reinigen. So mußten wir warten, bis der flinkste Schüler zum Hausmeister lief und dort mitteilte, in der Turnhalle ist alles voller Blut. Er kam auch gleich persönlich mit einem Spezialschlüssel, womit er das weiße Kästchen mit dem roten Kreuz öffnete.

Nach einigem Wühlen fand er eine Binde und Mull. Letztere stopfte er in den blutigen Mund Josefs, wonach dieser gleich zu Jammern aufhörte. Waren wir alle froh, auch Lehrer Bulldogge bekam wieder Farbe. Nun wußten wir, wofür ein Spucknapf gut ist. Seitdem betrachteten wir Spucknäpfe wie eine Reliquie.

Es gab auch Orte, wo keine Spucknäpfe standen, zum Beispiel in der Kirche. Irgendwie kann ich das verstehen. Denn hätten dort die Andächtigen auch noch rumgespuckt, das wäre ja die reinste Gotteslästerung gewesen. Statt dessen stand am Eingang ein Gefäß, auch halb gefüllt, aber mit geweihtem Wasser. Hier konnte sich jeder ohne Furcht vor Unreinheit bedienen. Der Kirchendiener hat dafür gesorgt, daß diese ovale Schale nie leer wurde wie das ewige Lämpchen über dem Altar, das immer Öl brauchte. Nur einmal hat jemand statt Wasser Tinte hineingegossen. Das wäre in dem Gefäß aus dunklem Marmor gar nicht aufgefallen, wenn sich einige Gläubige nicht gegenseitig auf das blaue Kreuzchen auf der Stirn aufmerksam gemacht hätten. Manche beließen es dabei, es konnte ja geweihte Tinte sein.

Jahre später, als ich längst Lehrling war und einmal meine alte Schule besuchte, standen die Spucknäpfe immer noch schön ausgerichtet in den Klassen und Gängen. Nur an der breiten Treppe fehlte einer. Warum, konnte ich mir nicht denken. Dort stand nämlich auf einem Podest jetzt eine Gipsbüste von Hitler. Ein Spucknapf hätte darunter auch noch Platz gefunden und seinen guten Zweck erfüllt.

Meine erste Ferienliebe

Im Sommer 1937 durfte ich allein in die Ferien fahren. »Du bist alt genug«, sagte Vater, »wenn du willst, darfst du 14 Tage lang Tante Vroni und Onkel Schors in Aussig besuchen.« Was für eine Frage. Ich nahm gleich meinen Atlas zur Hand. Aussig liegt an der Elbe, nach meiner Schätzung mußten das fast 100 Kilometer sein, suchte die Orte, durch die ich fahren müßte und hatte nicht die geringste Angst, allein dorthin zu finden. Mama Frieda hatte zwar Bedenken, ich könnte den falschen Zug besteigen und lande dann wer weiß wo. Aber Onkel Schors, der ein Angestellter bei der Staatsbahn war, hatte einen genauen Fahrplan beschrieben, er würde mich vom Bahnhof abholen. Ich kannte Tante Vroni und Onkel Schors noch gar nicht, nur von einem Hochzeitsfoto. Danach war die Tante dem Onkel körperlich überlegen, er hingegen schmal und etwas ängstlich, schien mir. Aber da kann man sich täuschen. Hahn Ernstls Vater sah aus wie Rübezahl, aber wenn seine schmächtige Frau auftauchte, kuschte er. Trotzdem, es kann nicht schaden, wenn man vorher weiß, wie man sich auf Verwandte einstellen muß.

Wenn Vater von seiner Schwester Vroni sprach, mußte man annehmen, sie habe Haare auf den Zähnen. Die Vorstellung belustigte mich. Ob sie sich jeden Tag die Zähne rasieren muß wie Vater seinen Stoppelbart? Vater übertreibt oft. Seinen Schwager Schors hingegen bewunderte er. Seine Engelsgeduld möchte er haben. Verständlich, so unbeherrscht wie Vater oft war.

Jedenfalls kam ich ohne Schaden in Aussig an, blieb, wie mir geheißen, an einem Zeitungsstand stehen, bis mir jemand auf die Schulter tippte und fragte: »Bist du der Otto?« Der Onkel stand vor mir. Er nahm mir gleich das Pappköfferchen ab und pfiff. Nein, ein Gepäckträger kam nicht, sondern zwei Jungen, die mich erst einmal mißtrauisch fixierten. »Das ist der Peppi und das der Franti.« Warum hat mir keiner gesagt, daß die zur Familie gehören? Der Peppi grinste, als hätte ich eine Pappnase, der Franti stellte fest, daß er sich so einen Urwaldaffen vorgestellt habe. Vater Schors hob die Hand, ohne zuzuhauen. Ein gütiger Vater. Die beiden Jungen haben wohl gleich ihren Eindruck von mir ausgetauscht, aber – in tschechischer Sprache. Bei wem bin ich da gelandet? »Könnt ihr depperten Stadtochsen nicht deutsch mit mir reden?« fragte ich sie höflich. Da wurden sie zugänglicher.

So erfuhr ich, daß sie in einer Eisenbahnersiedlung wohnen, wo die meisten Kinder nur tschechisch sprechen. Onkel Schors erklärte dazu, als Staatsangestellter müsse er beide Sprachen können. Na, das wird was, dachte ich, vielleicht hätte ich mein Tschechisch-Buch mitnehmen müssen. Aber dort hätte ich keine Schimpfvokabeln gefunden. Peppi und Franti beruhigten mich, die werden sie mir schon beibringen.

Tante Vroni schrie uns in der Küche im verständlichen Deutsch entgegen: »Da seid ihr endlich!« Sie hat gerade Nudelteig gewalkt, Peppi auf die Finger gehauen, der sich eine Handvoll davon in den Mund stopfen wollte. »Ich soll schöne Grüße von Vater und Mama Frieda bestellen«, sagte ich. »Ist schon recht«, antwortete Tante Vroni, aber jetzt soll ich ihr aus dem Weg gehen, sonst werden die Nudeln nicht fertig. Onkels Schors hob den Finger an den Mund und schob uns zur Tür raus. Peppi und Franti zeigten mir ihren liebsten Spielplatz, eine Müllhalde. Dort fänden sie immer die schönsten Möbelstücke zum Bau einer Hütte, ich könne gleich mithelfen. Das war auch nach meinem Geschmack. Aber nicht nach dem Geschmack von Tante Vroni. Sie schimpfte wie ein Rohrspatz, nannte ihr Buben Dreckschweine und sagte zu mir, mich hätte sie für vernünftiger gehalten.

Beim Essen hatte Tante Vroni Zeit, sich mit mir zu unterhalten. Sie wollte wissen, ob ihr Bruder, also mein Vater immer noch so politisch ist. Der verbrennt sich überall seinen Mund, die Mama Frieda kann ihr nur leid tun. Sie sei ein gutes Schaf und mein Vater ein Rechthaber, Streithammel und Geizkragen, das mußte sie einmal sagen. Mir sind bald Tränen vor Wut gekommen. Wie soll ich das 14 Tage lang hier aushalten? Onkel Schors verteidigte Vater. »Dein Bruder ist der Gescheiteste von euch allen, ihr Saatkrähen hackt dauernd auf ihn rum, dumm und neidisch seid ihr, du und deine Schwester Anna. Das hätte ich dem stillen Onkel gar nicht zugetraut. Der Streit ging friedlich aus. Tante Vroni sagte, ich muß mich nicht ärgern, sie ist eben so und meint es nicht so. Mein Vater würde sie auch Gewitterhexe nennen, und sie nimmt es ihm nicht übel. So waren alle zufrieden und ich besonders, denn »so eine gute Nudelsuppe, Tante Vroni, hab ich schon lange nicht mehr gegessen«. Von da ab brachte sie sich meinetwegen bald um, »damit dein Vater nicht sagt, ich hab dich hungern lassen!«

Die Tage vergingen wie im Flug. Der Peppi brachte mir in einem Thermalbad das richtige Schwimmen bei, auch wenn er mich öfter ins Wasser drückte. Das gehört dazu, um die Scheu vor dem Wasser zu überwinden. Der Franti zeigte mir ein Mädchen, das Elena heißt. Franti gefiel sie, mir auch. Ich hätte mich gern mit ihr unterhalten, aber da mir die Brüder nur schweinische Wörter beibrachten, traute ich mich nicht. Wir schauten uns nur immer schön an und wurden dabei rot wie Paradeiser. Die Elena hatte schon einen richtigen Badeanzug an, oben rum etwas und unten rum auch und in der Mitte nichts, daß man ihren Bauchnabel sehen konnte. Das hätte sich zu Hause kein Mädchen getraut. Da Franti und Peppi und alle anderen Kinder in der Eisenbahnersiedlung nur tschechisch sprachen, lernte ich auch ein paar Sätze. Da freute sich die Elena und der Franti wurde eifersüchtig. Er sagte zur Elena auf deutsch: »Du bist eine dumme Gans.« Elena lachte, sie hatte sehr schöne Zähne, und spuckte dem Franti vor die Füße. Ich glaube, sie hatte gar nicht verstanden, wie Franti sie nannte, aber seinem Gesicht angesehen, daß er sie beschimpfte. Am letzten Ferientag, als Onkel Schors und Tante Vroni und die Brüder mich wieder zur Bahn bringen wollten, kam Elena mir nachgelaufen, und drückte mir einen Zettel in die Hand. »Du schreiben, Ota?« Sie war ganz außer Atem und gab mir ihre Adresse. Meine Ohren brannten wie Feuer: »Ano, Elena, ja pisu.«

Tante Vroni riß den Mund auf, Onkel Schors lächelte wie der Erzengel Gabriel, Peppi grinste wie ein Honigkuchenpferd und der Franti ... der rannte weg und kam nicht mit zum Bahnhof.

Ich schrieb der Elena mühsam und mit heißem Kopf meinen ersten Brief. Wort für Wort suchte ich zusammen. »Na shledanou, Elena!« Sie antwortete mir: »Du kommen wieder in lange Ferien, Ota? Auf Wiedersehen!«

Nach dem dritten Brief hörte ich nichts mehr von ihr. Da kam der Herbst des Jahres 1938.

Aufregende Jahre

Als in Deutschland Hitler an die Macht kam, begann eine Zeit, die auch in unserer Familie einige Aufregung brachte. Der Vater war dauernd irgendwo unterwegs, an den Abenden seltener zu Hause als sonst. Mama Frieda fragte zwar, was er dauernd zu tun hat, aber er antwortete immer dasselbe: Auf ihn käme so allerhand zu. Einer muß ja zur Fahne stehen. Zu welcher Fahne brauchte ich nicht zu fragen, es war immer die rote, die er am 1. Mai trug.

In der siebenten Klasse bekamen wir zwei neue Lehrer, Brüder. Aber das Sprichwort »gleiche Brüder, gleiche Kappen« paßte nicht zu ihnen. Mein Bruder und ich waren ja auch ziemlich unterschiedlich. Der Anton hatte, wie man so sagt, ein dickes Fell, nahm alles nicht so ernst wie ich. Der steckte auch mal eine ungerechte Ohrfeige ein, ich nicht.

Der eine Lehrer unterrichtete Mathematik und Physik, der andere das Fach mit dem langen Namen: Bürgerkunde und staatsbürgerliche Erziehung. Kam der in die Klasse, mußten wir still stehen wie Soldaten. Deshalb nannten wir ihn Offizier. In jeder Stunde prüfte er unsere Leistungen. Wenn er sein kleines schwarzes Notizbüchlein aus Tasche zog, wußten wir, was die Stunde geschlagen hat. Jede Antwort zensierte er. Seltsam, trotz aller Strenge interessierte mich, was er unterrichtete. Er erklärte, wie der tschechoslowakische Staat entstand, warum in ihm mehrere Völker lebten. Die Deutschen sollen die größte Minderheit gebildet haben. Das war für mich nichts Neues. Bei uns wurde nur Deutsch gesprochen. Alle Schulbücher waren in Deutsch, nur im Fach tschechische Sprache hatten wir ein gemischtes aus Deutsch und Tschechisch. Auch die Straßen hatten deutsche Namen und die Schilder an den Geschäften. Nur die Bezeichnungen an Bahnhöfen und einigen Ämtern waren auch in der Landessprache Tschechisch. Das hat, glaube ich, keinen gestört.

Ich kann mich auch nicht erinnern, daß es in unserem Dorf Feindschaften zwischen beiden Völkern gab. Die paar Gendarmen, Zöllner, Eisenbahner, die in unserer Gegend wohnten, vertrugen sich mit uns wie wir mit ihnen. Ihre Kinder gingen in eine tschechische Schule, die sich in der nächsten Stadt befand, und die wir kannten, konnten wir an den Fingern abzählen.

Einer hieß zum Beispiel Jan, zu deutsch Hans. Das war ein Fußballaß. Richtig unterhalten konnte er sich nicht mit uns, aber wenn wir ihn beim Spiel gegen Oberjugel nicht gehabt hätten, hätten wir nicht 8 zu 1 verloren, sondern nur 4 zu 1.

Nach den Namen konnte man nicht immer Deutsche von Tschechen unterscheiden. Einer hieß Lorenz Prohaska. Das war kein Povidelkopf, wie wir ihn nannten. Im Gegenteil, sein Vater war ein deutscher Ingenieur, der Häuser und Sprungschanzen baute. Oder nehmen wir den Herrn Koniček. Wir riefen ihn Pferdchen durchs Fenster. Da konnte er ziemlich böse werden, sprang von seinem Tisch und warf mit Zwirnröllchen nach uns. Er fühlte sich bei unserem Spott als deutscher Schneider beleidigt. Dabei hatte er wirklich einen Pferdekopf. Oder mein Cousin Pepi in Aussig (Ústí n. Labem). Wenn er wütend auf mich war, sagte er »stará brdl«. War das vielleicht anständig? Alter Arsch durften wir nicht einmal zu Hause sagen. Ich meine, in zwei

Sprachen wurde bei den Deutschen und Tchechen geschimpft. Das ist doch kein Grund, sich zu hassen.

Aber mit der Zeit braute sich etwas zusammen, wie Vater sagte. Immer mehr nannten sich Sudetendeutsche, obwohl die Sudeten in Nordböhmen liegen. Sogar eine Partei entstand, die sich so nannte. Und der oberste Führer dieser Partei, Henlein hieß er, ließ sich umjubeln wie Birger Ruud, der beste Schispringer, den es gab. Ein ganz großer Verehrer Henleins war mein Onkel Flasch. Obwohl der im Egerland wohnte, nannte er sich jetzt auch nur Sudetendeutscher, und wir sind keine Böhmen mehr, nur noch Deutsche. Vater nannte er nur »Sooozi«, und diese haben sowieso kein Vaterland. Wenn die beiden zusammen waren, schlich Mama Frieda aus der Stube. »Die werden sich noch die Köpfe einschlagen«, sagte sie, »Politik verdirbt die Menschen.«

Aber manches änderte sich auch in unserem friedlichen Erzgebirge. Viele Sozialdemokraten sagten zu Vater: »Lois, ich trete aus der Partei aus. Gegen die Nazis kommen wir nicht an.« »Es sind nicht alle Nazis«, erwiderte Vater, und die Genossen sollen sich nicht in die Hose machen. Das war vielleicht übertrieben. Aber viele, die arbeitslos waren, dachten: Wenn Hitler das Sudetenland befreit, bekommen alle Arbeit. Für den und Henlein hätten sie sich auch in die Hose gemacht.

Als der deutsche Rundfunk meldete, in Nordböhmen und in anderen Grenzgebieten gibt es Aufstände, da hörten wir sogar an unserer Schule einige sagen: »Wir wollen heim ins Reich!« Die Lehrer haben solche Sprüche verboten, aber nur zum Schein. Der Lehrer Hochmuth brüllte das selbst mit bei einem deutschen Turnerfest, das auf dem Schulhof stattfand.

Als wir, da war ich schon in der 9. Klasse, Fabeln und

Parabeln behandelten und »Drei Ringe« aus Nathan der Weise von Lessing lasen, sagte ein Schüler, das liest er nicht. Die Lehrerin ließ ihre Brille fallen und fragte: Wie? Was? Als wenn sie nicht gehört hätte. Wir sind Deutsche, rief der Spengler Sohn, das ist ein Judengedicht. Die Lehrerin wurde blaß und verließ die Klasse. Sie war erst ein Jahr bei uns und kam aus dem Reich. Das Gedicht war nach der Stunde erledigt, wir brauchten es nicht zu lernen, aber im Lesebuch blieb es stehen.

Einen Tag im Oktober 1938 werde ich nicht vergessen. Ich ging wie immer auf den kürzesten Weg zur Schule. Es war warm, der Altweibersommer spannte Spinnweben zwischen den Bäumen, und als ich die letzte Höhe erreicht hatte und den Pfad zur Schule über die Wiesen einschlug, standen in einer Bodensenke plötzlich Soldaten der tschechischen Armee vor mir. Sie hatten ihre Gewehre zusammengestellt und gruben Löcher in den Boden. Zum ersten Mal sah ich diese Soldaten. Einer von ihnen hielt mich an: »Kam?« fragte er. Wohin? »Zur Schule«, sagte ich. Er rief einen anderen, der sprach etwas deutsch. »Nix Schulää, geh nach Hause zu Mama, rychlý, rychlý!« So viel verstand ich auch Tchechisch, schnell meinte er. Ich war nicht traurig, schlug der Weg Richtung Bahnstrecke ein und ließ mir Zeit. Dort hielten mich wieder Soldaten an, einer, das mußte ein höherer gewesen sei, er hatte eine Mütze auf und keinen Stahlhelm wie die anderen, verlangte, meinen Rucksack zu zeigen. Ich hatte nur Schulbücher drin und meine Kaffeeflasche. »Mluvíš česky?« fragte er. Ich fing an zu stottern: »Ja, ano, nein, ein wenig, malo, malo.« Er ließ mich laufen, salutierte sogar, zeigte nach unten, die Straße entlang, »po ulici!« Jetzt ließ ich mir noch mehr Zeit. An der Grenzstraße in meinem Heimatdorf sah ich Leute, die laut schrien: »Wir wollen heim ins Reich, wir wollen ...«

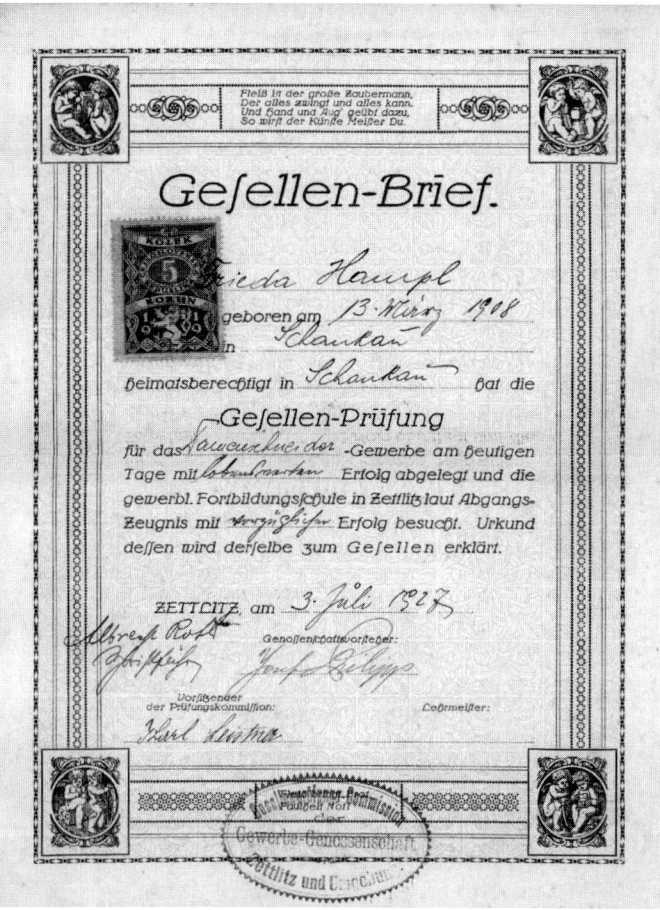

Gesellen-Brief.

Frieda Hampl

geboren am *13. März 1908*

in *Schankau*

heimatsberechtigt in *Schankau* hat die

Gesellen-Prüfung

für das *Frauenschneider* -Gewerbe am heutigen
Tage mit *sehr gutem* Erfolg abgelegt und die
gewerbl. Fortbildungsschule in Zettlitz laut Abgangs-
Zeugnis mit *vorzüglichem* Erfolg besucht. Urkund
dessen wird derselbe zum Gesellen erklärt.

ZETTLITZ, am *3. Juli 1927*

Alfred Roth
                                    Genossenschaftsvorsteher:

Vorsitzender
der Prüfungskommission: Lehrmeister:

Karl Günther

Gewerbe-Genossenschaft
Zettlitz und Chudeřin

---

*Von den drei Mädchen der Familie Hampel konnte nur die Frieda
einen der seltenen Frauenberufe erlernen. Während meine Mutter mit
14 Jahren in einer der umliegenden Kaolinfabriken arbeitete, Paula, die
jüngste der drei Schwestern noch die Schule besuchte, beendete Frieda
ihre Lehre als Schneiderin. Die Not war groß. Frieda bekam trotz
8klassigem Schulbesuch und gutem Lehrabschluß keine Arbeit. Sie
fertigte alles, was wir als Kinder brauchten, mit der Hand an, eine
eigene Nähmaschine konnte sie sich nicht leisten.*

*Hier war ich 12 Jahre alt in Ferientracht, daneben mein kleines
Schwesterchen Gerlinde, die noch kleinere Schwester Trudel ließ ich zu
Hause, die hätte ich sowieso nicht bändigen können. Auch meine
jüngste Schwester Ingrid fehlt auf dem Foto, weil sie noch nicht geboren
war. Tante Hanna, drall und lieb, besaß eine winzig kleine Stube nebst
Bauchladen, den sie bei diesem Spaziergang auch zu Hause ließ. An
den kräftigen Buben an ihrer Seite kann ich mich nicht mehr erinnern.
In dem Tümpel hinter uns lernte ich mit meinem Bruder Anton
schwimmen auf Hundeart. Er ist auf dem Foto nicht zu sehen, weil er
dem Fotografen Anweisungen gab und uns mit Grimassen erschreckte.
Mehr Fotos aus meiner schönen Kindheit habe ich leider nicht.*

Vor schreienden Leuten hatte ich Angst, stieg den Berg hinauf und sah auf beiden Seiten der Grenze eine Ansammlung von Menschen. Von hüben und drüben wurde gebrüllt. In Sachsen sah ich viele Uniformierte, meisten SA-Leute, auch Hitlerjugend. Ich beeilte mich, um schnell nach Hause zu kommen. In Johannstadt brüllten jetzt auch die Fabriksirenen und plötzlich fielen Schüsse. Soldaten habe ich keine mehr gesehen. Wer hat da wohl geschossen? Außer Atem fiel ich im Treppenflur fast hin.

Eine Aufregung auch zu Hause. Vater rief: »Beeilt euch!« Mutter packte einige Sachen in Rucksäcke und Taschen. Als sie mich sah, rief sie »Gott sei Dank, da bist du ja endlich.« Die ganze Eile war wohl nötig, weil Mutter und Geschwister noch den Mittagzug erreichen sollten. Vater befahl mir, auch etwas einzupacken, »du fährst mit!«

Ich weiß nicht, woher ich den Mut hatte, zu schreien: »Nein, ich bleib hier!«

Die Zeit lief schneller, als sich mit mir zu streiten. Mutter verließ mit den anderen das Haus, Vater setzte sich wie erschöpft hin, ich war es ja auch, nach kurzem Schweigen sagte er ruhig, wir fahren morgen oder schon abends, wenn noch ein Zug fährt. »Jetzt mußt du mir helfen, ich hab noch viel zu tun.« Er fragte mich noch barsch. »Wo hast du dich so lange herum getrieben? Anton ist längst zu Hause.« Nach meiner Erklärung, daß ich von Soldaten aufgehalten wurde, nickte er bloß: »So weit mußte es kommen!«

Fahrt ins Ungewisse

Es war beinah still geworden nach dem unruhigen Tag. Die Straße des Dorfes war wie leergefegt, und auch im Hause selbst fehlte mir die alltägliche Beschäftigung und das Geplapper meiner Geschwister. Sie haben nach Vaters Wunsch vorübergehend bei Verwandten in meinem Geburtsort Quartier gefunden. Ich wußte in der von ihnen verlassenen Wohnung nichts mit mir anzufangen. Vater ging durchs Haus, rückte da und dort etwas zurecht, überprüfte die restlichen Warenbestände, es waren nicht viele, da das Konsumauto seit Tagen nichts mehr lieferte. Er saß über einer Liste, rechnete, steckte sie in eine seiner tiefen Taschen des Lodenmantels, packte ein paar Konserven in den Rucksack, etwas Wäsche, sein Rasierzeug, ach, was weiß ich. Auch ich sollte überlegen, was ich in meinem Schulrucksack mitnehme. Auf Hefte und Bücher konnte ich verzichten. Wozu auch. Vater wollte ja nur zur Konsumzentrale nach Karlsbad fahren, dort abrechnen, wie er sagte, und danach wieder heimkehren. Mich wollte er, wenn es die Zeit ermöglichte, zu Mutter und den Geschwistern bringen.

Es kam alles anders, als er dachte. Als der Abend hereinbrach, die Häuser an der Straße nur noch wie graue Schatten zu erkennen waren, ließ uns Motorengeräusch aufhorchen. Ein großer Lastwagen, wie wir LKW's nannten, fuhr langsam durch den Ort und verschwand am Ortsausgang. Die Lichter in den Häusern wurden gelöscht, vereinzelt, wagten sich Männer aus dem Haus, auch Vater, der aber gleich wieder zurückkam und berichtete, eine Streife des Militärs, sie hatte Stahlhelme auf, patrouilliere durch die Straße. Es wird Zeit, sagte er. Der nächste Zug fährt erst morgen früh, wenn er überhaupt noch fährt. Er überprüfte noch einmal alle Türen, die verschließbar waren, schulterte den Rucksack, hieß mich dasselbe tun. Draußen spähte er nach allen Seiten, bis wir wie Indianer den Hang bis zum Wald hinauf stiegen. Den bekannten Weg zur Bergstadt, wo ich zur Schule ging, mied er, wir fanden uns selbst im Dunkeln auf Nebenweg zurecht. Gesprochen wurde nicht, an manchen Kreuzwegen blieb Vater stehen und lauschte.

Es war schon tiefe Nacht, als wir die Bergstadt erreichten, nur ein paar Straßenlaternen spendeten Licht. An der Gendarmeriestation stand ein LKW, vor dem Eingang zwei Soldaten. Wenige Häuser weiter die Konsumfiliale, viel größer als der Laden in unserem Dorf. Vater kannte sich aus, er schlich mit mir hinter das Gebäude, auf dem Hof standen wohl Leute, man sah es an den glimmenden Zigaretten.

»Wo kommt denn ihr her?« fragte einer, den Vater wohl gut kannte. »Darf ich mit meinem Jungen ein paar Stunden hier schlafen?« Der Mann, der Leiter des Konsums, ging mit ihm ins Haus. Nach einigen Minuten kam Vater, holte mich. Wir betraten die Wohnung des Genossen, es mußte einer sein, denn sie sprachen sich so an, brachte Decken, sagte, er würde uns rechtzeitig wecken, damit wir den Frühzug erreichen, »wenn er noch fährt!«

Ich machte es mir bequem und schlief auch gleich ein, merkte nicht, wann Vater zurück kam, wurde erst wach, als er mich rüttelte: »Steh auf, wir müssen uns beeilen.« Von seinem Genossen sagte er nur einen Satz: »Der Sauhund hat uns nicht geweckt.«

Das Haus war leer. Die Haustür zum Hof abgeschlossen. Durch ein Fenster kletterten wir auf ein Schuppendach. Er war nicht hoch, Vater sprang auf den Hof, ich hinterher, von Vater aufgefangen, was eigentlich nicht nötig war. Der Morgen dämmerte schon, vor der Gendarmerie wurde der LKW mit Kisten beladen. Der Weg zum Bahnhof war nicht weit, wir hörten schon die Lokomotive zischen, sie ließ Dampf ab. Der Fahrkartenschalter war geschlossen, in den letzten Sekunden vor der Abfahrt konnten wir gerade noch aufspringen, das Abteil war von niemandem besetzt.

Ich konnte mir nicht erklären, warum sein »Genosse« ein Sauhund sei. Vater winkte wie verägert ab, bis er knapp erklärte: »Es hieß, der Genosse trägt zwei Parteimitgliedsbücher bei sich, eins von den Sozialdemokraten und eins von der Henlein-Partei. Ich wollte das nicht glauben. Aber nachdem er uns eingeschlossen zurückließ, war mir alles klar.« Der Zug schnaufte die letzte Höhe des Gebirges hinauf, dann in schwindelndem Tempo in Serpentinen hinunter ins flache Land. Nur einmal hielt er, dort stiegen Familien zu, sie sprachen tschechisch. Wahrscheinlich waren fast alle Waggons leer, zu uns wollten sie nicht einsteigen.

Ich fahre gern mit der Eisenbahn und ärgerte mich, daß wir in Karlsbad aussteigen mußten. Für mich war das ein Weltbahnhof. Dort stiegen Kurgäste aus aller Welt aus, die von den heißen Quellen sich gesund trinken wollten. Aber der Bahnsteig, bei uns hieß er Perron, war überfüllt von Menschen, meistens nur Männern. Ich sollte auf Vater warten. Er hat dort Bekannte gesehen, die miteinander diskutierten und mit Händen und Füßen redeten. Vater auch. Als schließlich ein Zug einfuhr, sogar mit langen Schnellzugwaggons, holte mich Vater ab und sagte: »Komm, wir fahren mit denen mit.« Für uns wurden zwei Plätze freigehalten. Die Männer waren alle furchtbar freundlich zu mir, fragten, ob ich auch gut sitze, einer schenkte mir sogar eine Tafel Schokolade, ein anderer bot mir seinen Platz am Fenster an, damit ich rausschauen konnte. Draußen sah ich Gendarmen von der »Staatspolizei« mit Gewehr spazieren, die anderen Reisenden wurden von ihnen in den Wartesaal geschickt. Der Zug pfiff, einer mit roter Mütze pfiff auch, und langsam, wie auf Gummirädern setze er sich in Bewegung. Ich dachte gar nicht an Mamma Frieda und meine Geschwister, an die Verwandten erst recht nicht, denn dem Onkel Flasch, der sie aufgenommen hat, traute ich wie einer unbekannten Schlange. Ich schaute und schaute, hörte nicht auf das Gerede um mich, manchmal lachten die Mitreisenden, wahrscheinlich über die Witze, die Vater erzählte. Aber die kannte ich ja schon.

Irgendwann wurde ich müde und erst wieder wach, als sich die meisten ans Fenster drängten, Vater auch: »Gleich wirst du die Burg sehen.« Ich sah vorerst nur Häuser einer großen Stadt, einige Augenblicke auch eine auf einer Höhe langgezogenen Burg, die meisten sagten: »Das ist der Hradčin.« Da wußte ich, wo wir sind. Die Burg kannte ich aus meinem Tschechischbuch – wir waren in Prag, der Hauptstadt der tschechoslowakischen Republik.

»Was machen wir hier?« fragte ich Vater. Er würde mir, wenn wir ausgestiegen sind, alles erklären, antwortete er. Ich verstand das nicht. Die Männer waren aufgeregt wie wir Kinder bei einer Ferienfahrt. Lustig waren sie, sagten, na mal sehen, wie es weitergeht. Diese Stimmung übertrug sich auch auf mich. Prag, zu tschechisch Praha, wollte ich schon lange einmal sehen. Fröhlich und erwartungsvoll stieg ich mit den anderen aus.

Ein Mann mit Wetterjacke und roter Armbinde rief von einer Gruppe zur anderen: »Wir sehen uns abends auf dem

Bahnsteig wieder, »merkt eich Genossen, Perron 4, und seids pinktlich«. Mein erster Gedanke: Also doch ein Ausflug. Vater wollte mir, seinen ihn beschützenden Sohn, eine Freude machen.

Prag kannte ich nur von Fotografien und Ansichtskarten, manchmal auch aus Illustrierten. Die Ansicht vom Hradčin mit dem Veitsdom, von der Karlsbrücke und vom Altstädter Ring mit der Aposteluhr war in einigen meiner Schulbücher abgebildet, aber von der Großstadt Prag mit seinen Prachtstraßen und winkeligen Gassen wußte ich nichts. Vater hatte Prag auch nur kurz kennengelernt, als er aus dem Ersten Weltkrieg nach Hause kam. Nun wollte er mir die »herrliche Stadt«, wie er sie nannte, zeigen, schob mich durch die große Bahnhofshalle und blieb dort im Menschengewimmel stehen, als wüßte er nicht, wie er weitergehen müßte. Er ließ mich auf einer Bank warten. Für mich ein ungewohntes Bild, das sich meinen Augen bot. Viele Soldaten der tschechischen Armee waren zu sehen, die Offiziere hatten Uniformen aus feinem, glattem Stoff an und unterschieden sich so von den einfachen Soldaten, ließen sich die Koffer von ihnen tragen. Männer, so alt wie Vater und jüngere, auch ganze Familien mit Sack und Pack drängten in die Bahnhofshalle. Sie trieben ihre Kinder wie in großer Eile an, als würden sie den nächsten Zug versäumen. An einer Stelle versammelten sich immer wieder Menschen, die auf ein Plakat mit großen Schrift schauten. Auch Vater sah ich unter ihnen. Als er zu mir zurück kam, hatte sein Gesicht einen ernsten Ausdruck. Er setzte sich zu mir und legte seinen Arm auf meine Schulter, als müsse er mich schützen.

»Was ist? Ist dir schlecht?« soll ich gefragt haben.

»Ich hab es gewußt«, sagte er, »es kommt Krieg.« Seine Stimme war leise und traurig. So kannte ich Vater nicht.

»Sieht man deswegen so viele Soldaten hier?«

Er nickte, raffte sich plötzlich auf und schob mich zum Ausgang, vorbei an der Menschenansammlung vor dem Plakat, auf das Vater so lange starrte. »Was heißt Mobilisace?« Das heißt, alle Männer müssen sich zu den Soldaten melden, übersetzte Vater kurz den langen Text in tschechischer Sprache. »Laß uns gehen«, sagte er drängend.

Vor dem Bahnhof stauten sich Straßenbahnen. Sie waren überfüllt. Die Fahrgäste strömten in die Bahnhofshalle, Autos hupten, aus Omnibussen quollen Menschen, trugen Koffer und Taschen, verabschiedeten sich von Leuten, die sie begleitet hatten. Dunst und der Gestank von Benzin lag über dem Platz. Es war für mich beklemmend. Gewohnt an die frische Bergluft, fühlte ich mich in einen Kessel von Rauch und Lärm versetzt. Vater zog mich am Rucksack, als suchte er selbst Luft zum Atmen.

Nach einigen tausend Schritten wurde es ruhiger. Vater blieb stehen, streckte den Arm aus und zeigte auf eine breite, lange Straße und sagte: »Das ist der Wenzelsplatz.« Auch ich kannte ihn vom Namen her, ebenso das riesige Denkmal, das vor unseren Füßen lag. Der Platz war von hohen Gebäuden umsäumt, wie ich bisher keine kannte. Die Gehwege waren breiter als die breiteste Straße in meinem Heimatdorf. Und Spaziergänger zu beiden Seiten wie an Sonntagen in den Kurstädten meiner Heimat. Nur weit mehr und viel feiner angezogen. Ich schaute schon immer gern Menschen an und beurteilte sie nach ihrer Kleidung. Städter erkannte ich gleich. Sie bewegten sich steifer und rochen anders. Vor allem die Frauen. Die ganze lange Straße war eine Duftwolke, mal nach Parfüm, mal nach köstlichen Speisen, mal nach Leder oder Kakao und Torte, nach heißen Würstchen oder Bier. Die riesigen Geschäfte hatten Eingänge, die sich im Erdgeschoß verzweigten, Schaufenstern, so groß und hoch wie unsere Wohnküche, aus ihnen blickten mich Herrschaften und Damen mit lächelndem Gesicht an, eine schöner als die andere in bunter Kleidung. Sie reagierten nicht auf mein Klopfen an die Scheibe, nicht einmal auf meine lange Zunge – es waren Puppen. Es gab so unendlich viel zu sehen, und als Vater mit mir in ein Restaurant ging und aus einem beweglichen Automaten zwei Semmeln holte, hatte ich die Vorstellung vom Schlaraffenland. Klicks, machte das Geldstück, öffnete ein Fensterchen und sagte ohne Worte: Kannst mich nehmen, darfst mich essen. Wunder über Wunder, aber satt machte mich der Automat nicht. Zum Glück hatte ich noch belegte Brote mit Kaseln (Käse) im Rucksack.

Das Wundern über das Himmelreich inmitten der großen Stadt hörte mit einem Schlag auf. Was geschah auf dem Wenzelsplatz vor den Stufen des Heiligen Wenzel? Ein Gedränge, über den Köpfen rote Fahnen und blauweißrote der Republik, ein Mann sprach durch eine Art Trichter in der Landessprache, ein mir bekannter Gesang, den ich vom Maiumzug kannte, und plötzlich von vielen Seiten her schrille Pfiffe, Pferdegetrappel, Kommandos, Polizisten hoch zu Roß, Schreie, Flüche, dumpfe Schläge, der Gesang der Internationale schwellte an und ging über in den Text: »Kde domov moi ...«, in die tschechoslowakische Nationalhymne, die wir auch in der Schule lernten. Die Versammlung wurde auseinander geprügelt. Vater lief mit mir in eine der abzweigenden Nebenstraßen, es wurde still auf der Prachtstraße. Kurz vor dem Bahnhof bildeten sich kleinere Ansammlungen, Vater gesellte sich zu einer, in der auch Genossen aus unserem Zug standen. Ein hochgewachsener Mann, der fast alle um einen Kopf überragte, reckte seinen Arm und sprach im böhmischen Deutsch: »Ich sage euch – Hitler kann keinen Krieg machen, sonst Revolution in Deutschland. Dafür laß ich meine Hand abhacken!« Vater zog mich weiter und meinte »schade um seine Hand«.

Die Hauptstadt lag fast im Dunkeln, Autos und Straßenbahnen fuhren mit blauen Scheinwerfern. Lichter in den Schaufenstern erloschen, über den nächtlichen Himmel tanzten lange Scheinwerferfinger. Durch die fast stille Bahnhofshalle zog eine Gruppe Soldaten mit Stahlhelmen und Gewehren und verschwanden in einem Seitengang. Die Fahrkartenschalter waren bis auf einen geschlossen. Nach Karlsbad fuhr an diesem Abend kein Zug mehr, Vater zog mich am Rucksack hinter sich her, auf Perron 4 stand ein Zug bereit, wir stiegen ein und warteten, warteten, im Abteil spielten sie Karten, bevor mir die Augen zufielen, hörte ich einen sagen: »Das kann doch nicht sein, Lois; fast jedes Spiel gewinnst du!« Die kannten meinen Vater doch nicht so gut, wie sie glaubten.

Vater weckte mich: »Steh auf, wir sind da!« Ich blinzelte wohl dumm und verschlafen. Dachte, nun sind wir wieder zu Hause am Karlsbader oberen Bahnhof. Jetzt nur noch eine halbe Stunde und wir sind in meinem Geburtsort. Den Weg kannte ich, von Fischern nach Zettlitz, dann einen Pfad entlang über ein weites Feld, wo es nach giftigen Dämpfen aus Tagebaulöchern stank, in die früher die Bergleute hinabstiegen und und Braunkohle förderten. Dann unter die rollenden Drahtseilbahnen hindurch, deren Loren leer nach Ottowitz schnurrten und voll beladen am Rande von Schankau zurückkamen. Im Ottowitzer Schacht hatte Vater gearbeitet, bevor er arbeitslos wurde. Wie ich mich auskannte! Als kleiner Junge wäre ich zu gern mit dieser Bahn an dicken Seilen einmal mitgefahren, über die schwarzen Löcher hinweg, über dunkle, mit braunem Wasser gefüllte Becken, über graue, geduckte Häuser hinein in das schwarze Loch eines düsteren Gebäudes, über dem es immer rauchte und zwei große Räder eines Förderturms sich Tag und Nacht drehten.

Mutter Frieda wird sich schon Sorgen machen, wo wir so lange bleiben, dachte ich, Bruder Anton wird sich wieder rumtreiben und sich nur sehen lassen, wenn er Hunger hat. Meine kleinen Schwestern Gerlinde und Gertrud, ach, die waren ja so ängstlich, hopsten wahrscheinlich auf der Wiese hinter den hohen Schleedornbüschen, wo Onkel Dehmel mit uns Kindern Zirkus gespielt hatte. Vielleicht lebt er gar nicht mehr, der arbeitslos Artist eines Wanderzirkus. Aber Mutter Hille und ihre Töchter werden noch da sein und Onkel Karl, der mir seit meiner Geburt eine Trompete schenken wollte, und Tante Hanni in dem kleinen Stübchen, das nur vier Meter lang und zwei Meter breit war und die von ihrem Bauchladen lebte. Ganz gewiß wird sich der Onkel Flasch von seinem Kanapee erheben und sagen: »Auf euch hab ich nur gewartet« und den Vater anstänkern, weil er ein Sozi ist. Also rieb ich mir vorerst die Augen und stieg mit Vater und den anderen Genossen aus ...

Aber wir waren nicht in Karlsbad. Der Zug stand auf auf einem einsamen Gleis außerhalb einer Station. Ein Mann, den ich vorher nicht gesehen habe, rief, wir sollen antreten. Auch er hatte einen Lodenmantel an und eine rote Armbinde am linken Arm, und als alle wie bei einer Demonstration standen, zog er mit uns an einem Bahnhof vorbei, auf dem »Rokycany« stand.

»Wo sind wir?« fragte ich Vater.

»Irgendwo im Tschechischen«, antwortete er. Dem Bahnhof nach mußte es eine Stadt sein, zwei Gleise gab es und nach einer Weiche ein drittes und viertes. Aber wir mußten gleich weiterziehn. Eine seltsame Stadt, kein Schornstein war zu sehen, nicht einmal eine Kirche, nur Gärten und hinter Zäunen schöne, einstöckige Würfelhäuser. Nach wenigen Minuten hieß es »Halt!«. Wir befanden uns vor einer modernen Turnhalle, dahinter eine Schule mit großen Fenstern. Die Männer standen rum und fragten sich gegenseitig, wo sie sind. Keiner wußte es, nur, daß es irgendwo im »Tschechischen« sein mußte. Vater und einige andere umringten den Mann mit der roten Armbinde, ich war zu weit weg, um zu hören, worüber sie sprachen. Ein tschechischer Herr mit Schlips führte uns durch das Eingangstor in die Turnhalle, auf dem Boden lagen Matratzen mit weißen Bettlaken und neuen Decken. Hier sollen wir erst einmal bleiben, sagte einer zum anderen. Mittag gäbe es Essen, bis dahin könnten wir die Halle verlassen, wenn wir wollen, nach dem Mittag wird uns gesagt, wie es weiter geht.

»Komm«, sagte Vater, »wir sehen uns erst einmal um.« Vor einem Bäckergeschäft blieb er stehen, ließ mich draußen warten und kam mit einer großen Tüte und zwei Milchflaschen zurück. »Die haben mich ganz dumm angesehn. Einer fragte mich, ob wir ›Deitsche sann‹ und was wir hier wollen. Nicht freundlich, eher bös' fragte er mich.«

Die ganze Zeit wollte ich das Vater schon fragen, aber er wich mir immer aus und lenkte mich ab, zog mich ins Bahnhofsgebäude, blieb an einem Schalter stehen und las einen Fahrplan. Inzwischen verschlang ich ein großes weißes Hörnchen aus der Tüte, mein Magen knurrte schon. Ich schaute zu Vater, der inzwischen wohl eine Fahrkarte kaufte. »Heute mittag geht ein Zug nach Prag zurück«, sagte er. »Am besten, du fährst mit dem, ich hab eine Karte für dich nach Karlsbad gelöst.«

»Und du, kommst du nicht mit?« fragte ich. »Fahr mal allein, ich komme bald nach. Oder hast du Angst, allein zu fahren?«

»Angst? Hab ich nicht. In Prag kenn' ich mich jetzt schon aus, aber warum kommst du nicht mit?«

Stockend, als traute er sich nicht, mir die Wahrheit zu sagen, berichtete er auf dem Rückweg. Er hätte mich gar nicht auf diesen Weg mitnehmen sollen, ich gehöre zur Mama und zu meinen Geschwistern. »Wir kriegen wahrscheinlich eine Montur, haben uns freiwillig gemeldet zur Verteidigung gegen Hitler – wenn es zum Krieg kommt. Genaues wissen wir noch nicht.«

Dieses Geständnis muß ihm sehr schwer gefallen sein. Ich verstand das nicht. Vater redete wie ein Wasserfall. Die Mama braucht mich, und ich soll ihr vorerst nichts sagen, erst recht kein Wort zum Onkel Flasch, dem Henlein-Nazi, aber Vater denkt, daß es nicht zu Krieg kommen wird und er bald wieder bei uns ist.

Ich wußte nicht, sollte ich weinen oder lachen.

In der Turnhalle war einige Aufregung. Ein Genosse sagte zu Vater: »Keiner weiß was«, ein anderer meinte, »wir sollen warten, bis der Genosse von Jaksch, Wenzel kommt und sagt, wie es weitergeht.«

Den Wenzel Jaksch kannte ich aus der Zeitung, das soll so etwas wie der höchste Sozialdemokrat gewesen sein. Aber keiner kam, der mehr wußte. Einer ging von Gruppe zu Gruppe mit einem Blatt Papier. Alle sollen ihren Namen darauf schreiben und den Wohnort. Aber die meisten fragten, wozu? Und sie werden ihren Namen nicht eintragen, solange sie nicht wissen, was aus ihnen wird. Keiner kannte den Mann, der die Liste haben wollte. Er sprach zwar deutsch, aber in einem anderen Dialekt. Nicht egerländisch und nicht erzgebirgisch. »Der gefällt mir nicht«, sagte Vater zu einem der Genossen, warum, konnte er nicht sagen, aber das spürt er eben, »der ist nicht koscher!« Jeder mußte sich etwas darunter vorstellen, denn viele nickten dazu.

156

Ich habe erst einmal die Semmeln aufgegessen und die Flasche Milch ausgetrunken. Zu Mittag sollte es warmes Essen geben, aber Vater ging mit mir zum Bahnhof und wartete, bis der Zug aus Pilsen kam und ich eingestiegen bin. Er winkte mir zu, ein bißchen traurig. Aber auch froh, daß ich endlich abgefahren bin.

Die ganze Zeit bis Prag dachte ich, Vater ist entweder verrückt, sich auf dieses Abenteuer einzulassen oder, wie ich ihn besser kannte, einfach leichtsinnig. Das traute ich ihm eher zu. In Prag hatte ich nach einer halben Stunde schon Anschluß zum Zug nach Karlsbad. Jetzt freute ich mich. Was kann ich alles erzählen: die eingesperrte Nacht im Konsum, die herrliche Fahrt nach Prag, vom Wenzelsplatz, von der Prügelei mit der Polizei und, und, und. Ich werde das alles schön ausmalen, und mein neidischer Bruder wird sich ärgern und sagen: »Immer der Otto erlebt so was, ich nie.«

Nur wenige Fahrgäste waren im Zug. Einmal kam ein Kondukteur mit einem Mann in blauer Uniform ins Abteil. Ich gab ihm meine Fahrkarte, und der Blaue fragte: »Jak se jmenuješ«, ich antworte wie in der Schule: »Jmenuji se Ota.« Der hat mich sogar verstanden, war ich stolz. Dann wollte er wissen, wie alt ich bin, ich sagte vierzehn. »Je mi ctrnact let.« Auch das verstand er, nur verbesserte er die Jahreszahl, die ich noch nicht so richtig aussprechen konnte. Beide lachten und ich setzte mich grafitätisch wieder hin.

Auf dem Bahnhof in Karlsbad war ein Riesengedränge. Ich hörte meist nur Tschechisch, die wollten wohl alle ins Böhmische fahren, später wußte ich, sie flohen vor dem Krieg, vor den Deutschen.

In meinem Geburtsort fand ich die Familie vollzählig wieder. Mama Frieda fiel gleich über mich her und fragte, warum ich so spät komme und wo Vater ist. Ich sagte, Vater geht es gut, aber er muß noch in die Zentrale nach Fischern, abrechnen. Wenn er fertig ist, holt er uns ab. Erst als ich mit Frieda allein war, erzählte ich ihr, was ich erlebt habe, aber sie darf es nicht dem Onkel Flasch und überhaupt niemandem erzählen, läßt Vater sagen.

Mama Frieda war dem Weinen nahe. Sie hielt Vater für total meschugge und verantwortungslos, ich verteidigte ihn: »Sonst wär ich nie nach Prag gekommen, er gönnte mir eben diesen Ausflug!«

»Wir sprechen darüber, wenn Vater wieder hier ist«, und sonst soll ich meine Gusche halten und niemandem von dem Ausflug erzählen. »Auch nicht meinem Bruder Anton?«

»Dem erst recht nicht, der wollte schon ausreißen und euch im Gebirge suchen.« So schwieg ich, was mir sehr schwer fiel. Zwei oder drei Tage später schrie Onkel Flasch wie ein Verrückter: »Sie kommen, die ersten sind schon da!« Er hatte plötzlich eine Hakenkreuzfahne in der Hand und rannte auf die Dorfstraße. Dort hielt ein offener LKW, auf welchem mehrere in seltsamen Uniformen standen und auch eine Hakenkreuzfahne schwenkten. Sie brüllten »Sieg heil!« und lachten und knutschten alle rumstehenden Frauen. Das ganze Dorf geriet in Aufruhr und brüllte mit, bis plötzlich mehrere Hakenkreuzfahnen aus den Fenstern hingen. »Die deutsche Wehrmacht ist schon in Karlsbad«, schrien die Männer auf dem Auto, und Frauen brachten Kannen mit Kaffee oder sonst was. Über Nacht müssen einige sogar Buchteln gebacken haben, die reicheren Bauersfrauen schmückten sich und zogen ihre Trachtenkleider an, einige flennten sogar. Das Dorf wurde leer, Erwachsene und Kinder liefen den Weg entlang, auf den ich gekommen war. Sie wollten die deutschen Soldaten in Karlsbad begrüßen. Mama Frieda ging mit uns in die große Stube zu

Tante Hille, die vor einem Gottesbild kniete und betete. Sie hatte Angst, daß es doch noch Krieg gibt. Mein Bruder und ich hatten Lust, den anderen Leuten nachzulaufen, aber Frieda rief zornig: »Ihr bleibt hier, sonst setzt es was!«

Am nächsten Tag kam Vater, als wenn nichts gewesen wäre. Befahl uns, die Rucksäcke und Taschen zu packen: »Wir fahren nach Hause!« Er redete mit niemandem ein Wort. Wir stiegen in Alt Rohlau in den nächsten Zug, sahen an vielen Häusern Hakenkreuzfahnen, an manchen Stationen auch Soldaten der Wehrmacht, auch Männer in braunen Hemden mit Bierflaschen in der Hand. Sie winkten dem Zug nach und schrien etwas, Vater schloß das Fenster. Nur wir sechs stiegen an der Grenzstation aus, es war keine Grenze mehr. Aus einigen Häusern hingen ebenfalls Hakenkreuze. Woher die auf einmal kamen. Die gab es doch nicht zu kaufen. Am Konsumhaus war die Tür aufgebrochen, der Laden war leer. Auch unsere Wohnungstür stand offen, die Schränke ausgeräubert. Mama Frieda jammerte: »Sogar das Bettzeug haben sie gestohlen!« Hör auf zu heulen, schrie sie Vater an. »Es kam, wie es kommen mußte!« Abends sind zwei SA-Männer gekommen und nahmen Vater mit.

Erst viele Jahre später, als ich selbst aus dem Krieg heimkehrte, erzählte Vater, wie es ihm erging. In Rokycany hatte sich ein Verräter eingeschlichen, der die Freiwilligen den Faschisten übergeben wollte. Den meisten, so auch Vater, gelang es zu fliehen. Außer Mutter wußte keiner von unserer Fahrt ins Ungewisse. Sie hat geschwiegen wie ich. Mein Bruder Anton konnte nicht mehr sagen, »der Otto erlebt immer was, ich nicht«. Er fiel im vorletzten Kriegsjahr bei Paris.

Bisher sind von Ottokar Domma sen. bei uns erschienen:

Ottokar und die neuen Deutschen

in fünf Auflagen
155 Seiten, mit 8 Vignetten von Manfred Bofinger,
Broschur, 14,80 DM
ISBN 3-320-01878-7

Ottokar, der Held für Junge und Alte, ist zwar älter geworden, doch er ist der Schalk geblieben, der er immer war. Er macht sich über die »heiligen Kühe« der »ernsthaften« Deutschen lustig, über Festtage, Familie, Moral, Ordnungssinn, Gründlichkeit und den Hang zur Bedeutsamkeit.

Ottokar, die Spottdrossel

in drei Auflagen
156 Seiten, mit 27 Illustrationen von Manfred Bofinger,
cellophanierter Pappband, 16,80 DM
ISBN 3-320-01824-8

Die allerneuesten Geschichten »aus der Aufsatzmappe des fabulierenden Gymnasiasten Ottokar«: Aufsätze von Tieren und Menschen, von A wie Affe bis Z wie Ziege – ein Alphabet des Tierisch-menschlichen.

Karl Dietz Verlag Berlin
Weydingerstraße 14-16 · 10178 Berlin